国家广告产业园集约化
发展研究

A Study on the
Intensive Development of
National Advertising Industry Park

颜景毅 著

社会科学文献出版社
SOCIAL SCIENCES ACADEMIC PRESS (CHINA)

制度安排与制度实践

——为景毅博士《国家广告产业园集约化发展研究》序

张金海[*]

2007 年，在中国广告协会学术委员会青岛会议上，我作过一次发言，题为"中国广告产业发展两大核心问题的检视"。两大核心问题之一便是"低集中度"，通俗地讲，就是"高度分散，高度弱小"。这是基于 SCP 分析范式展开分析所得出的结论。这一观点，在一段时间内形成较为一致的认同。另一个问题则是"泛专业化"。

2010 年，我有幸受邀参与国家广告产业"十二五"发展规划的前期调研与起草工作。正式颁布的"规划"，将"国际化、集约化、专业化"作为中国广告产业"十二五"发展的三大总体目标。"集约化"便是直接针对中国广告产业的"低集中度"而提出的。所谓"集约化"包含规模和效率两个层面。为实现中国广告产业"集约化"发展目标，"规划"明确提出创建国家广告产业园和集群区的战略举措。如果理解不错的话，建设国家广告产业园，是国家层面为实现广告产业"集约化"发展所作出的一项重大制度安排。

国家广告产业园制度，从 2011 年开始正式实施，迄今已有五年。效果如何？是否有效达成预定的目标？或者说，是否尚存值得反思和修正的一些问题？

景毅博士的新著《国家广告产业园集约化发展研究》，正是以此为问题

* 张金海，武汉大学教授、博士生导师，原中国广告教育研究会会长、教育部人文社科重点研究基地武汉大学媒体发展研究中心主任。

导向所展开的研究，是对国家广告产业园制度安排与制度实践所作的检视，其研究价值与意义，无疑是十分重大的。

景毅博士以学者的身份，一直服务于首批国家广告产业园——河南郑州中原广告产业园，一直身历中原广告产业园的成长，一直追踪国家广告产业园的发展，从中掌握国家广告产业园发展的大量的一手资料和数据。正是基于这一研究资源优势，新著对国家广告产业园集约化发展问题，在其所建立的规模、结构、效率的基本分析框架下，展开精细化、精确化的实证分析，从而使其研究形成理论与实证的充分对话，形成理论逻辑与实证逻辑的双重观照。也许我们可以质疑其中某些结论，却无从质疑其研究方法与研究过程的科学合理性。颇为难得。

国家广告产业园的制度安排及其实践，对促进中国广告产业的集约化，的确发挥了较好的示范作用。问题的存在同样不容忽视。著中所深刻揭示的"集而不群"的问题，以及在规模、结构及效率三个层面所存在的诸多问题，都值得制度安排者与制度实践者共同作出检讨、反思与修正。

我在许多场合下都曾谈到过，在工业园和高新技术产业园建设中，我们曾经积累下丰富的经验，并形成较为成熟的发展模式。但这些经验与模式，都不能简单移植于文化创意产业园的建设，包括创意产业园的建设与动漫产业园的建设。广告产业园的建设亦复如此。因为没有成熟的经验借鉴，我们需要多方探索甚至试错。因此，问题的发生往往是无可避免的。但问题的无可避免，并不意味容许问题的永久性存在。制度安排者与制度实践者可不慎乎？

问题的最终解决有赖于制度安排者与制度实践者，但问题的有效发现，却是研究者的重大研究价值之所在。

国家广告产业园的制度安排，是以政府为主导的。在其建设之初，国家曾给予一定的财政和财税扶持。"断奶"之后，国家广告产业园又当何去何从？这是一个更为严重的问题。

当外在制度安排逐渐弱化，正确的选择就是产业园内在产业制度的强化，从而实现"从政府主导到市场主导"的转型发展，其中包括建构完善的产业链、扶持重点业态、壮大龙头企业、培育产业集群等。这就是景毅博士给出的建议。在制度安排中，学者的声音总是微弱的。尽管微弱，但面对中国诸多社会问题时，有良知的学者总不至于无语或失声。

政府主导抑或市场主导，一直是制度经济学中颇具争议的话题。然而发生"政府失灵"或是"市场失灵",却是大家都不愿看到的,国家广告产业园的创建期,是一种以政府为主导的制度安排,我们应尽力规避的是"市场失灵",后期则应实现以市场为主导的转移,此时我们尽力规避的则是"政府失灵"。景毅博士这一分期实施的构想,是充满理性智慧的。

景毅博士完成此著后,又以"大数据与中国广告产业集约化发展研究"为题,申报并获批 2015 年国家社科基金项目。此两桩事,都是在他患严重眼疾的状况下完成的,令人感佩。至此,在"大数据与中国广告产业发展"同题之下,张门得中三项,又甚感欣慰。

景毅来武大攻读博士学位之前,在广告界已小有名气。因其年稍长,大家尊且亲地称其为"颜老大"。老大自有老大的范。为人特具亲和力,且极有担当又行事颇为稳重,是一个许多人都乐意与其交往并可放心与其交往的人,一如其稳健醇厚的学品。我与景毅,亦师亦友,相与甚欢,相知甚切。别离后,常在念中,也常在祝福中。

欣欣然,亦惶惶然。谨为此序。

2016 年 8 月 2 日于武昌珞珈山

内容摘要

自 2011 年启动至今，作为国家广告产业集约化发展转型的主体依托，并承担了集约化发展转型示范和引领职责的国家广告产业园的集约化发展的进展如何？又怎样推动其朝着既定目标不断向前发展呢？

本书采取了实证分析的方法，采集了 14 家国家广告产业园运营方和 216 家入园广告企业有关集约化发展的数据资料，并实地走访考察了 8 家 10 区的国家广告产业园，从而使研究建立在可靠的事实基础上。

为了科学分析和评价国家广告产业园的集约化发展状况，本书提出了以规模、结构、效率三个分析维度构成的分析框架。研究发现国家广告产业园在规模方面，呈现出发展规模不高且不均衡的状态。在结构方面，存在规模企业偏少，产业集中度不高等缺陷。在效率方面，单位经营效率与单位面积经营效率都明显过低。

针对国家广告产业园集约化发展中存在的问题，本书首先提出了国家广告产业园的管理模式应由政府主导向市场主导转变的观点。认为建设期的政府主导模式有其必要性和必然性，运营期政府主导模式向市场主导模式的转型，同样具有必要性和必然性。运营期的政府职能应该转变为服务 - 督导角色。运营企业在充分用好扶持优惠政策的基础上，必须寻找到稳定持续的盈利模式，承担好广告的公共服务职责，推动园区顺利地实现集约化发展的目标。在国家广告产业园集约化发展基本路径的探寻上，本书认为可以从完善广告产业链、扶持重点广告业态、壮大龙头企业和培育广告产业集群等四大路径入手。

目录
CONTENTS

图目录

表目录

绪　论

————◆◆————

0.1　研究对象

本研究以 2011 年 10 月至 2014 年 4 月，经国家工商行政管理总局（下称"国家工商总局"）认定的 15 家国家广告产业园区和批复的 17 家国家广告产业试点园区为研究对象。

历年认定或批复的园区如表 0－1。

表 0－1　国家工商总局历年批复/认定的广告产业园区

批复/认定年份	国家广告产业试点园区	国家广告产业园区
2011	上海中广国际广告创意产业基地、北京广告产业示范园、南京广告产业园、常州广告产业园、山东潍坊广告创意产业园、青岛广告文化产业园、湖南长沙广告创意产业园、广东现代广告创意中心、陕西广告产业园	
2012	杭州（拱墅、西湖）广告产业园、郑州中原广告产业园、武汉广告产业园、成都广告产业园、包头广告产业园、烟台广告创意产业园、深圳深港电商广告产业园、哈尔滨广告产业园、吉林国家广告产业园、沈阳国家广告产业园、大连广告创意产业园	上海中广国际广告创意产业基地、北京广告产业示范园、南京广告产业园、常州广告产业园、山东潍坊广告创意产业园、青岛广告文化产业园、湖南长沙广告创意产业园、广东现代广告创意中心、陕西广告产业园

批复/认定年份	国家广告产业试点园区	国家广告产业园区
2013	福建海西(福州、泉州)广告产业园区、无锡广告产业园区、天津滨海广告产业园、重庆两江广告产业园、南宁广告产业园、宁波广告产业园、海口广告产业园、昆明广告产业园区、苏州广告产业园	杭州(拱墅、西湖)广告产业园和郑州中原广告产业园
2014	广东珠海横琴国际广告创意产业基地、浙江温州广告产业园区、安徽芜湖广告产业园区	成都广告产业园区、武汉广告产业园区、无锡广告产业园区、福建海西(福州、泉州)广告产业园区

注：在 2016 年 3 月全国工商和市场监督管理部门广告工作会议暨广告产业园区建设现场会上，天津滨海广告产业园、重庆两江广告产业园、哈尔滨广告产业园、昆明广告产业园区和烟台广告创意产业园，被正式授牌认定为国家广告产业园区。

现有的国家广告产业园区和国家广告产业试点园区之间，以及两类园区内的各园区之间，在产业基础、起步条件、建设进度、管理模式、运营效益等方面参差不齐，难以统一称谓。为了叙述的方便，下文统称为"国家广告产业园"或简称为"园区"。如果仅指 15 家国家广告产业园，则称之为"授牌园区"，意指国家工商总局正式认定并授予"国家广告产业园区"牌匾的园区；如果仅指 17 家国家广告产业试点园区，则称为"试点园区"，这类园区没有被国家工商总局正式授予牌匾，只是文件告知被批复为国家广告产业试点园区。

因为各园区的名称较长，为减少文字和重复，下文提及各园区时，仅以地域名称指代，比如郑州中原国家广告产业园为"郑州园区"、广东珠海横琴国际广告创意产业基地为"珠海园区"、杭州国家广告产业园西湖园区为"杭州西湖分园区"。

0.2　研究问题

张金海先生认为集约化是中国广告产业发展的一个核心目标，国家借助广告产业园建设，通过产业集聚进而走向产业集群，培育大型或超大型的广告企业集团，进而实现集约化发展[1]。通过国家广告产业园这个区域广告产

---

① 张金海：《集约化是中国广告业发展的一个核心目标》，《声屏世界·广告人》2012 年第 9 期。

业主体和载体的集约化，带动整个国家广告产业的集约化发展，而广告产业的集约化发展又将促进和深化广告产业的专业化，提高广告产业的国际竞争力，最终实现中国广告产业专业化、集约化和国际化的发展目标。以此看来，国家广告产业园的集约化发展就成为中国广告产业发展中的核心和关键问题。

自 2011 年 10 月启动国家广告产业园建设以来，国家广告产业园的建设和运营进展如何呢？是否实现了既定的以国家广告产业园为空间载体、产业主体和集约化平台的广告产业集约化发展的目标呢？

2014 年 4 月国家工商总局组织的广告产业园区建设和运营专家评估组，通过阅读各园区呈报材料，并结合实地考察的方式，对当时的 29 家园区做出了综合评估，在提交的《广告产业园区评估报告》中列举了六大成就、四大经验和九大问题。

六大成就："地方政府高度重视，配套政策优惠齐全"、"条块结合效率优先，工商服务协调有力"、"财政拨款使用规范，资金杠杆引导显著"、"总体上广告园区选址合理，招商入园进展顺利"、"园区企业集聚较高，产业服务作用明显"、"园区建设亮点凸显，产业发展前景喜人"。

四大经验："地方政府的广告产业认识水平决定园区发展态势"、"地方广告产业发展规划与园区建设紧密结合"、"处理好市场和政府的协同关系，是建好园区的先决条件"、"从产业与企业视角进行园区功能设计比较符合产业规律和市场规律"。

九大问题："对广告产业及广告产业园区的理解不够深入"、"园区公共服务平台搭建不足，支撑作用不够"、"部分园区资金渠道单一，资金利用率有待提高"、"部分园区定位不清，广告产业园的特色有待加强"、"园区的市场活力和持续动力不足"、"园区建设与产业规划失衡"、"园区对入园企业标准的制定和考量有待加强"、"部分园区业态杂糅，广告产业链结构混乱"、"园区仅重视引入龙头企业，未重视培育龙头企业"。

从上述六大成就、四大经验和九大问题综合来看，国家广告产业园建设和运营取得的成就与集约化发展的目标尚有不小的差距。

为了缩小和消除这种差距，使国家广告产业园沿着既定的集约化路线顺利推进，本书以"国家广告产业园集约化发展"为主题，围绕建设国家广告产业园的制度安排、国家广告产业园集约化发展现况的实证分析、国家广告产业园集约化发展的路径选择等三大问题展开研究，力图通过对这三大问题的深入探讨，为国家广告产业园的集约化发展提供有益的参考。

0.3 研究意义

研究国家广告产业园的集约化发展具有多方面的意义和价值。

0.3.1 集约化发展研究是国家广告产业园建设和运营研究的核心问题

国家广告产业园的研究可以有不同的视角和关注点，但既然国家广告产业园建设是实施国家广告发展战略，实现集约化、专业化、国际化发展目标的国家行动，那么，其自身是否能够实现集约化发展，就直接关系到国家广告发展战略目标能否真正地实现。因为国家广告产业园既是广告产业集约化发展的一种空间组织形式，又是培育大型广告企业，提高产业规模化水平、专业化分工和国际竞争力的发展平台。

集约化是一种与粗放型相对应的企业经营方式、产业发展方式和国民经济增长方式，也是企业、产业和国民经济的一种演化形态，是一个从粗放型形态向集约化形态的演进过程。作为高度组织化的广告产业发展方式，国家广告产业园的入园企业、支持机构与运营机构一起，可以视为一个广告产业聚集发展综合体，而运营机构就是这个综合体的组织者、代表者和经营者，这种形式本身就是产业集约化发展的一种路径，所以，其集约化经营和集约化发展是互为一体的。作为一种产业发展方式，国家广告产业园的集约化不仅有利于效率经济、规模经济、协作经济、创新经济等产业集群效益的形成，更有利于规避形成马歇尔式中小企业集群，导致广告产业低集中度加深的历史难题，培育大型广告企业集团，从而解决广告产业规模化水平低的沉疴旧病。中国广告产业整体上的高度弱小、高度分散的产业形态借助国家广告产业园这个平台，极易形成马歇尔式中小企业集聚，一旦如是，就与通过建设国家广告产业园来解决广告产业专业化、集约化和国际化的目标相背离。所以，集约化视角的研究应该是切中了国家广告产业园发展的核心问题。

0.3.2 有助于出现发展偏差的园区校正发展方式

建设国家广告产业园的动议在文字上最早出现在 2012 年 4 月 11 日国家

工商总局《关于推进广告战略实施的意见》（工商广字〔2012〕60 号）中，在同年 5 月 29 日印发的《广告产业发展"十二五"规划》中又给予了更多的论述。但国家广告产业园的建设已于 2011 年 10 月启动了第一批 9 家试点园区。随后在扶持资金、地产暴利、地方政府政绩驱动等多因素诱导下，各地竞相申办、开建国家广告产业园，在不到两年半的短短时间里，就批复了15 家授牌园区和 17 家试点园区。但在 2014 年 4 月国家工商总局组织广告产业园区建设和运营专家评估组提交的《广告产业园区评估报告》中，对当时的 29 家园区进行了多方面的考察，最终的综合评估将当时的 29 家园区，划分为以下三个方阵（见表 0 - 2）。

表 0 - 2　2014 年 29 家园区评估排序分类

分类层次	评估排序	园区名称
第一方阵	1 ~ 10	无锡、成都、杭州、武汉、潍坊、天津、上海、南京、昆明、烟台
第二方阵	11 ~ 23	长沙、常州、郑州、北京、福建、重庆、广州、哈尔滨、深圳、沈阳、长春、海口、宁波
第三方阵	24 ~ 29	青岛、西安、苏州、包头、大连、南宁

注：宋体字者为当时 18 家试点园区，楷体字者为当时 11 家授牌园区。

从三大方阵的园区排名来看，授牌园区与试点园区旗鼓相当，这在一定程度上说明排名靠后的授牌园区发展方式出现了问题，偏离了既定的建设目标，需要在集约化发展的轨道上校正方向。

0.3.3　有助于后起园区的集约化起步和集约化运营

广告产业不像某些文化艺术创意产业那样可以依赖于城郊地区生存，而是对于根植在城市时尚、商务核心区的传媒产业、企业总部基地等有很强的依存性，所以国家广告产业园适宜于在寸土寸金的城市中心地带建设和运营。这种城市区位就要求其必须集约化经营，才能适应狭小的空间，才能容纳更多的广告企业、关联企业和支持机构。但是由于时间短促等因素，先期园区不少在区位选择、空间规划、选商招商等方面都走上了粗放型的老路，为集约化发展造成了新的障碍。后期园区不能再步先期园区粗放型发展的后尘，不能再走先期园区粗放型发展的老路，而是应该在规划设计、建设和运营的全过程，都要有集约化的理念和发展方式，才可能发挥后起优势，弯道超车。关于国家广告产业园的集约化发展研究，将为这些后起园区沿着既定的目标建设和运营提供理论和实际操作路径的启发，避免先期园区走过的陷阱。

0.3.4 有助于实现中国广告产业整体的集约化规模化发展目标

1869 年，弗兰西斯·艾耶在美国费城开办的艾耶父子广告公司，改变了当时单纯代理报纸广告销售的单一经营模式，增加了为客户进行文案撰写、设计、效果调查等综合性的广告服务，实现了由单纯的媒介代理向媒介和客户双重代理的第一次产业升级。从此，在自由的市场竞争、市场化媒介和消费社会等多重因素的综合推动下，欧美国家的广告业开始进入到了专业化的发展阶段。到了 20 世纪五六十年代，欧美广告产业又率先进入了以集团化为产业主体的规模化发展和向全球进行产业扩张的国际化时期。1962 年，美国前 10 家广告公司的经营额占广告公司总经营额的 38%，这种比例到了 1966 年则上升到 42%。[①] 以美国为代表的欧美国家通过广告公司的集团化发展，使广告产业的集中度大幅提升，广告产业结构趋于合理，广告产业资源的配置进一步优化，广告产业绩效得以保障。及至 20 世纪 80 年代，世界广告产业的三大中心逐步在美国纽约、英国伦敦、日本东京形成，发达国家广告产业演进到了集聚发展的规模化阶段。至此，欧美发达国家率先实现了广告产业的专业化、规模化和国际化，不仅有力地服务和支撑了本国的社会经济发展，也成就了在世界广告产业中的领先和霸主地位。

与欧美发达国家相比，我国的广告产业产生于 20 世纪初，不过直到 20 世纪 70 年代末改革开放之后才有了初步的产业基础，虽然伴随着经济的持续快速发展和传媒的市场化、产业化进程而高速增长，但也形成了泛专业化、低集中度、外资主导等畸形业态，广告服务水平、广告资源配置能力和广告产业绩效低下，欧美发达国家许多年前就已经实现了的专业化、规模化和国际化还是我们追赶的目标。

为了改变这种状况，2008 年国家工商总局和国家发展改革委颁布了《关于促进广告业发展的指导意见》，首次明确地提出"促进广告资源优化配置和集约化经营"。2012 年 9 月，国家工商总局印发的《广告产业发展"十二五"规划》，认为"我国广告业专业化、集约化、国际化程度不高"，

---

① 张金海等：《中国广告产业现状与发展模式研究》，《中国媒体发展研究报告》（2005 年卷），武汉大学出版社，2006，第 405 页。

要"加速集约化、专业化、国际化发展进程",促进"广告业集约化、专业化和国际化水平大幅提高","由粗放型向集约型、由布局相对分散向合理集聚"转变,"到2015年,建成15个以上国家广告产业园区"。国家工商总局与国家财政部携手于2011年10月在《关于推进广告战略实施的意见》(2012年4月颁布)和《广告产业发展"十二五"规划》(2012年5月颁布)的酝酿和制定过程中,率先实施了"中央财政支持广告业发展试点",利用国家财政资金支持和各种扶持政策的集成,建设国家广告产业园区,广告产业的专业化、集约化和国际化发展,终于借助于国家广告产业园区的建设而开始起航。

国家广告产业园不仅是中国广告产业的主体,其本身的集约化发展某种程度上就意味着中国广告产业整体上的专业化提升和集约化发展,其通过集约化的发展方式造就的大型广告集团,还能够有效地促进中国广告产业规模化水平和国际竞争力的提高。所以,国家广告产业园的集约化发展研究不仅对于其自身具有重要的意义,对于中国广告产业专业化、集约化和国际化总体发展目标的实现也具有核心和主体性的意义。

0.4　研究内容

根据上文对于研究对象和研究问题的设定,围绕32家国家广告产业园的集约化发展这个研究主题,本书开展的研究包括以下内容。

0.4.1　国家广告产业园建设的制度安排

中国广告产业长期粗放型增长带来了"低集中度、泛专业化、外资几近控局"的畸形产业形态,继续这种发展模式既不能保持原有的高速增长,也无法承担促进中国经济转型、现代服务业和文化产业大发展的时代责任。此外,在媒介产业发展和数字技术、大数据技术的推动下,全球广告产业正面临着从传统广告业向IMC、数字营销和大数据时代全面而深刻的转型升级。中国广告产业由此遭遇了由粗放型增长向集约化发展、由传统广告向数字广告升级的双重转型。为了实现这种转型,学者们对此的探讨已有十年之久,并有力地推动了国家工商总局对于实现这种转型的路径选择。2011年10月在做出正式的制度安排之前,就启动了国家广告产业园建设,2012年4月颁布的《关于推进广告战略实施的意见》和2012年5月颁布的《广告产业发展"十二五"规划》，作为一种广告产业发展的重大的制度安排被明确化，国家广告产业园被寄望于实现广告产业双重转型和专业化、集约化和国际化发展的基本途径。

0.4.2　国家广告产业园集约化发展分析框架的建立

通过梳理集约化理论，弄清影响国家广告产业园集约化发展的主要因素，建立国家广告产业园集约化发展水平评估的分析框架，明确推进国家广告产业园集约化发展的主要路径等。

0.4.3　国家广告产业园集约化发展的实证分析

按照集约化发展的两大内涵规模和效率，以及对于规模和效率具有基础意义的产业结构等三个维度，建立起能够描述和解释国家广告产业园集约化发展水平的分析框架；通过收集 32 家国家广告产业园集约化发展的有关数据资料，对其集约化发展水平做出实证分析和客观评价，并探究其背后的缘由。这种实证分析有别于此前学者们对于国家广告产业园所作的一般性定性研究和理论思考，能够更客观地洞悉国家广告产业园集约化发展的基本进展和存在问题。

0.4.4　国家广告产业园集约化发展的战略选择

国家广告产业园的规划以及初期建设是由政府主导和推进的，但在进入正式运营阶段之后，应转变为政府推动、市场主导的运营模式，因为广告产业园本身是中间性产业组织，按照市场化的方式运营才符合其内在逻辑。是继续维持政府主导的发展模式，或者是向市场主导发展模式转变，这是国家广告产业园在完成了基本的房屋、平台等建设目标而进入正式运营阶段之后，面临的一个非常重要的战略转变问题。本书将研究政府主导向市场主导转型的必要性和必然性、市场主导的实现形式以及市场化运营的体制机制等问题。

0.4.5　国家广告产业园集约化发展的路径选择

针对实证研究的结论和造成集约化发展现状原因的分析，借鉴一般产业集约化发展和产业园区集约化发展的理论和经验，结合广告产业和国家广告产业园的特点，来探讨实现国家广告产业园集约化发展的具体路径，诸如广告产业园产业链的完善搭建、重点或新型业态的扶持、大型或龙头企业的壮大、产业集群的培育，等等。

0.5　研究方法

研究方法是为了解决研究问题，完成研究内容的。针对上文设定的研究问题和研究内容，采用的研究方法主要是实证分析方法和规范分析方法。

0.5.1　实证分析方法

主要采用了文献研究法、实地考察法和问卷调查法。

文献研究法：用以获取理论分析工具、相关文献述评、国家广告产业园集约化发展现状等基础资料。关于各个园区的基本情况，主要是查阅国家广告产业园信息交流网、各个园区的官方网站与微博（见表 0 - 3）、笔者参加全国广告产业园历次会议所得的会议资料和笔记等。

实地考察法：实地了解具有代表性国家广告产业园集约化发展的实际状况、存在问题、解决办法等第一手资料。通过随机抽样的方式，选取了北京、上海、郑州、武汉、福建海西（包含泉州、福州两个分园区）、常州、潍坊、杭州（包含西湖、拱墅两个分园区）等 8 家 10 区，先后进行了实地考察，对运营方管理人员、入园企业负责人作了深度访谈。

表 0 - 3　园区资料来源的相关网站和微博地址

网站和微博名称	网站和微博地址
国家广告产业园信息交流网	http：//www. cnadic. com/
北京国家广告产业园	http：//www. bjadpark. com/pWeb/appmanager/index/index
青岛国家广告产业园	http：//weibo. com/u/3194082515
常州国家广告产业园	http：//www. cnadpark. com/index. html
广州国家广告产业园	http：//gaip. adnewsun. com/
南京国家广告产业园	http：//www. njaip. cn/
潍坊国家广告产业园	http：//www. wfadpark. com/
南宁国家广告产业试点园区	http：//www. nnhitech. gov. cn/ggcyy
无锡国家广告产业园	http：//www. wxadpark. com/Html/Index. asp
上海中广国际广告产业基地	http：//www. sinoadi. org/
陕西国家广告产业园	http：//www. ggcyy. com/
昆明国家广告产业园试点园区	http：//www. kmacip. com/

续表

网站和微博名称	网站和微博地址
武汉国家广告产业园	http://www.hanyangzao.com/
郑州国家广告产业园	http://www.zhongyuanad.com/
福州国家广告产业园	http://mintaiad.com/index.html
杭州拱墅国家广告产业园	http://www.hzyhad.com/
成都国家广告产业园	http://www.redstar35.com/
天津国家广告产业试点园区	http://bhad.thip.gov.cn/
哈尔滨国家广告产业试点园区	http://www.hrbaip.com/
吉林国家广告产业试点园区	http://www.jlad.net.cn/
泉州国家广告产业试点园区	http://www.1showing.com/site/
沈阳国家广告产业试点园区	http://www.sy-aip.com/
大连国家广告产业试点园区	http://www.dalian-gov.net/GalaxyPortal/dalian/dlstkjxc10/
宁波国家广告产业试点园区	http://www.nbadpark.com/
海南国家广告产业试点园区	http://www.hn-creative.com/
包头国家广告产业试点园区	http://www.btadpark.com/index.html

问卷调查法：用以获取国家广告产业园集约化发展现状的总体原始数据。通过向 32 家园区各发放园区运营方调查问卷 1 份和入园广告企业调查问卷 20 份（各园区入园企业数量差别较大，最少的是 20 多家，故以 20 份为各园区入园广告企业调查的样本数），实际回收了哈尔滨、吉林、大连、青岛、郑州、武汉、长沙、成都、重庆、常州、苏州、宁波、深圳、上海、广州、杭州、包头等 17 家园区的问卷，经过对问卷所填内容的甄别，实际可以采信的运营方调查问卷 14 份、入园广告企业调查问卷 216 份，分别占回收问卷的 82.35% 和 95%，涵盖了东部、中部和西部等三大经济区域和拥有国家广告产业园的广告产业发达、次发达、欠发达地区[1]，其中授牌园区 8 家、试点园区 6 家。

0.5.2 规范研究方法

规范研究方法主要是使用集约化理论作为分析工具，来分析国家广告产

---

① 笔者根据近年全国各省、自治区、直辖市广告经营额的多少，将全国广告产业划分为发达、次发达、欠发达和不发达四个区域，各区域包括的省市自治区分别是北京、江苏、上海、广东、浙江、山东、天津、福建；湖南、河南、湖北、安徽、四川、辽宁；黑龙江、吉林、内蒙古、河北、山西、陕西、江西、重庆、云南、贵州、广西、陕西、海南；甘肃、新疆、青海、宁夏、西藏。

业园的集约化发展状况，探讨国家广告产业园集约化发展的基本路径。

笔者也使用了与集约化理论相关的产业集群理论、产业园区理论等辅助理论工具，以期更全面深入地研究国家广告产业园的集约化发展问题。

0.6　可能的创新点

0.6.1　以实证分析方法对于重大的国家广告产业发展举措做出客观评价

国家广告产业园建设是国家实施广告产业发展战略新的制度安排，通过实现国家广告产业园的集约化发展，进而实现广告产业专业化、集约化和国际化的发展目标。本书以这个国家广告产业发展的重大战略举措为研究选题，具有重要的现实意义。

尽管以往也有学者对于国家广告产业园做过一些研究，但大都是从定性研究或理论思考的角度所作的探讨，既缺乏实证分析也忽视了集约化的研究视角。而本书则以实证分析的方法建立了观察国家广告产业园集约化发展坚实的数据基础，从而使得研究的发现更具客观性和科学性，所提出的发展路径等也因更加符合实际情况而具有了可行性。

0.6.2　适宜的分析框架获得了新的研究发现

产业集约化发展水平的评价多有论述，产业园区集约化发展水平的评价研究较为少见，而对于国家广告产业园这种新型而独具特色的产业园区集约化发展水平的评价研究尚未见到。本书梳理了集约化理论及其在其他产业领域的应用，结合国家广告产业园的特点，提炼出了以规模、结构、效率三个维度搭建的国家广告产业园集约化发展的分析框架，对于国家广告产业园的集约化发展现状做出了全面而清晰的认识和判断，获得了新的研究发现。

这些新的研究发现包括：国家广告产业园的规模化水平偏低，大型广告企业缺乏，产业集中度不高；产业结构方面，虽然广告产业的主体地位较为突出，但规模结构不合理，以提供数字整合营销传播服务为主的业态较少，专门化广告服务的业态也不显著等；运营效率上，尽管有一定的建筑规模和企业数量，但运营效率较低。这些新的研究发现，为提出有针对性和有效性的国家广告产业园集约化发展战略和操作路径，提供了基本依据。

0.6.3 提出了基于实证分析的国家广告产业园集约化发展的管理与运营模式转变战略和路径选择

本书认为国家广告产业园运营期的管理模式应由建设期的政府主导、企业参与向市场主导、政府服务 - 督导转变。在强调市场主导、企业主体的前提下，笔者提出在运营期政府不能够完全退位，承担的不仅有服务职能，还有重要的督导职能。这种督导职能的担当和履行，既体现了国家广告产业园一定意义上的公共特性，还平衡了市场和政府在园区运营过程中的双重作用，从而保障国家广告产业园沿着既定的目标演进。

在国家广告产业园集约化发展的具体路径选择上，本书提出了由建构完善的产业链、扶持重点业态、壮大龙头企业和培育产业集群等构成的系统化思路。完善产业链不意味着完整产业链，基于广告产品和服务的非实体性、园区的空间局限性、网络通信应用的普及等特征，国家广告产业园产业链的打造没有必要也不可能把所有的产业链条都聚集在园区内，而是围绕着园区特色化的广告需求所需要的服务和产品生产、交易等，组织产业链；就重点业态培育问题，笔者认为应该重点强化传统业态中的专门化广告服务和整合营销传播服务，重点培育数字广告服务、以大数据为支撑的数据与策划创意并重的广告服务以及广告与媒体、文化、营销、数据技术等的融合业态；关于壮大龙头企业，提出了在国家广告产业园整体集约化发展的框架中，龙头企业应率先实现自身的集约化经营管理；广告产业园区的产业集群应该是实体性广告产业集群与虚拟性广告产业集群齐举并进，从而加速集约化的发展进程。

0.7 结构安排

全书除了绪论外，共设计十章内容，各章简述如下。

绪论。这是本书的引言部分，主要论及研究对象、研究问题、研究内容、研究方法、可能的创新点、全书结构安排等内容。

第一章 国家广告产业园集约化发展的研究回望。本章主要梳理国家广告产业园集约化发展研究的理论演进路线，评价国家广告产业园集约化发展研究的理论演进成果，建立国家广告产业园集约化发展研究的基点。

第二章 国家广告产业园集约化发展研究的理论基础：集约化理论。本章主要梳理集约化理论的来源、含义、特征、发展演变，建立适宜于国家广告产业园集约化发展研究的分析框架。

第三章　中国广告产业的长期粗放型增长：广告产业集约化转型的背景。本章主要通过对于中国广告产业历年各种数据的实证分析，探悉其长期粗放型增长的基本特征。

第四章　国家广告产业园建设：广告产业集约化转型新的制度安排。本章主要论及中国广告产业长期的粗放型增长向集约型发展转型的背景下，国家广告行业主管部门在由传统的约束性制度供给向激励性与约束性制度平衡供给的转变之下，实现了由重监管轻发展向发展与监管并重的管理制度创新，启动国家广告产业园建设这个重大的广告产业发展举措的背景、目的、过程等。

第五章　国家广告产业园集约化发展的进展与问题：基于规模·结构·效率框架的实证分析。本章运用规模、结构、效率三大维度的广告产业园集约化发展分析框架，对国家广告产业园进行集约化发展水平的实证分析，借以描述和评价国家广告产业园集约化发展的整体状况。

第六章　从政府主导到市场主导：国家广告产业园集约化发展的战略转变。本章主要论述国家广告产业园由动议、规划、建设期的政府主导模式向运营期的市场主导模式转变的必然性和必要性，建设期政府由主导转变为服务－督导模式应该承担的服务与督导内容、运营方市场主导模式的职责及其运行机制等。

第七章　构建完善的产业链：国家广告产业园集约化发展的路径之一。本章主要探讨国家广告产业园构建完善产业链的意义、必要性和具体思路。

第八章　扶持重点业态：国家广告产业园集约化发展的路径之二。本章主要探讨国家广告产业园扶持重点业态的重要性、具体形式和发展思路。

第九章　壮大龙头企业：国家广告产业园集约化发展的路径之三。本章主要探讨国家广告产业园壮大龙头企业的地位、意义和具体思路。

第十章　培育产业集群：国家广告产业园集约化发展的路径之四。本章主要探讨国家广告产业园培育产业集群的意义、类型、具体举措等。

第一章

国家广告产业园集约化发展的研究回望

国家广告产业园集约化发展研究，不是凭空出现的理论议题，它既是国家广告产业园建设这个重大的广告产业国家行动的学术回应，也是既有的广告产业发展研究的继续和深化。基于此，就需要对国家广告产业园集约化发展研究的理论渊源、发展进展和存在问题做出客观的梳理和评价，以建立本书的研究基点。

从国家广告产业园集约化发展研究的视角看，它是世界广告产业发展模式研究、中国广告产业发展的一般研究、国家广告产业园研究等持续进展的必然指向。故本章就对"世界广告产业发展模式研究"、"中国广告产业研究"和"国家广告产业园研究"所得到的创获和存在的遗憾予以回望。

1.1 世界广告产业发展模式研究

在全球广告学术版图上，有三大代表性的学术"马赛克"，即美国的实证研究、欧洲的批判研究和中国的产业研究。

1.1.1 欧美广告产业发展研究的缺失

美国是最早开展广告学术研究的国家。从 20 世纪初美国西北大学校长、心理学家瓦尔特·迪尔·斯科特开始广告研究以来，直到 20 世纪 60 年代，研究者关注的都是诉求和创意，亦即广告作品的"修辞研究"或文本研究。

自 20 世纪 70 年代起，广告策划、广告运动等概念的提出，把美国的广告学术关注点从作品形态的研究推进到组织形态的研究，关注的是广告活动过程、广告活动组织等。进入 20 世纪 80 年代，广告学术的重心又演进到以效果研究为核心的综合研究阶段。总体来看，美国广告学术研究的特点是以精细化的实证研究方法，聚焦于如何获得最佳的广告效果。

欧洲的广告学术研究与美国差别较大，专注于广告研究的学者不多，大都是传播学者在探讨广告问题。这些传播学者秉承着欧洲传播学的批判传统，从广告与社会、广告与文化等的视角，反思广告活动及其影响所引发的媒介话语霸权、消费主义文化等议题。

无论是美国还是欧洲的广告学研究，都缺失了广告学完整知识框架中极其重要的一部分：广告产业研究。这种缺憾应该缘于欧美属于由自由市场导致的广告产业先发地区，广告实践没有发出广告产业研究的呼吁，所以，就没有广告的学术回应。正如恩格斯的名言：理论的发展程度取决于现实需要的程度。

1.1.2　中国对于世界广告产业发展模式研究的贡献

中国作为世界上最大的发展中国家，研究和学习先发国家和地区的产业发展经验和教训，是寻找本国产业发展适宜路径的基本方法论，广告亦然。但是，现有的欧美广告学术研究却缺失了关于广告产业发展的探讨。这个缺憾是由自觉担当促进中国广告产业发展使命的中国广告学者来完成的。

在探讨世界广告产业发展的问题方面，张金海先生等提出了世界广告产业发展的三大模式：一是欧美国家高度市场化背景下自由竞争的独立产业发展模式，在 20 世纪 80 年代前就相继完成了专业化、国际化和规模化，从而成为全球广告产业的先发国家，形成世界广告霸权。二是日、韩两国在国家政策与行业标准双重维护下的媒介、企业共生型发展模式，在面向欧美广告公司开放之前完成了本土广告产业的专业化和规模化，从而在本土市场与欧美广告公司并肩起舞。三是中国港台地区自由开放背景下外资全面控局的产业发展模式，本土广告产业几近消失。张金海先生等还认为中国广告产业的发展应该借鉴日韩模式[①]。这些广告产业发展模式，特别是关

---

① 张金海等：《中国广告产业现状与发展模式研究》，《中国媒体发展研究报告》（2005 年卷），武汉大学出版社，2006，第 420 页。

于中国广告产业发展模式的观点，已深深地影响了中国广告产业发展的制度建构和实践路径。建设国家广告产业园是政府主导的促进广告产业快速健康发展的抓手之一。

1.2 中国广告产业研究

对于中国广告产业的研究，自 20 世纪 90 年代发轫，到近十年形成热点。主要有两种研究框架，一是在产业经济学的框架内研究中国广告产业的现状、问题和发展路径，二是在发展理论的框架内研究中国广告产业的发展问题。

两种研究框架，关注了大致相同的四个方面：第一个是对于中国广告产业整体特征的研究，第二个是对于改革开放以来中国广告产业发展模式的反思，第三个是对影响中国广告产业发展核心因素的研究，第四个是对中国广告产业发展路径的探讨。

1.2.1 中国广告产业的整体特征

经过改革开放以来 30 多年的发展，中国广告产业形成了什么样的基本特征呢？这是我们谋求中国广告产业有效发展路径所必须首先确立的基本认识。

不少学者、行业部门负责人和业界专家都予以了关注和探讨，但大都流于零散的经验总结和定性描述，没有给予合理的解释。张金海先生从产业经济学的视角，运用定量分析的方法，通过分析中国广告产业多年来的发展数据，提出了"低集中度和泛专业化"[1] 的专业判断和经济学解释，成为评价中国广告产业发展现状和整体特征的权威观点。

1.2.2 中国广告产业整体特征形成的原因

那么，这种现状和特征是如何形成的？或者说中国广告产业循着什么样的发展模式导致了这种产业形态的出现？

对此，20 世纪 90 年代有关部门[2]和学者[3]就给出了"粗放型增长"的

---

[1] 张金海、廖秉宜：《中国广告产业发展的危机及产业创新的对策》，《新闻与传播评论》（2008 年卷），武汉大学出版社，2009。

[2] 国家工商行政管理局、国家计划委员会：《关于加快广告业发展的规划纲要》（1993 年）。

[3] 罗志上：《重庆广告业的发展机遇与前瞻性应对》，《重庆商学院学报》1995 年第 3 期。

感性判断，并且这种判断一直延续至今①，由此也可以推理出 30 余年的广告产业发展是粗放型高速增长的结果。而就广告产业发展模式而言，张金海先生认为是选择了美国自由开放背景下的产业发展模式②，但是在不同于美国的由计划经济向市场经济的转型期和强媒介、强企业的自由竞争的广告市场环境中照搬实行的。这种模式的选择必然造成在开放的广告市场上，在外资广告公司强大的实力面前，在政府缺位的状态下，中国广告公司自主自由发展的野生与粗放、量大而质低。这些研究和观点，实际上已成为当下广告产业被首次列入鼓励类发展产业、制订国家广告产业发展规划和建设国家广告产业园等重大产业政策供给和制度创新的理论支撑。

1.2.3　影响中国广告产业发展的核心因素

什么是影响发展中国家经济发展的核心因素？这是发展经济学研究中需要回答的基础问题。发展广告学也循着这种思路，提出了什么是影响中国广告产业发展核心因素这个需要首先探讨的基础性问题。

陈刚先生认为"制度"、"市场"、"资本"与"公众"是影响中国广告产业发展的四大决定性因素。这四大因素在中国广告产业发展的不同阶段有不同的影响力，从而形成制度、市场、资本和公众分别主导的四个发展阶段③。姚曦先生等则认为"人力资源"、"资本"、"技术"、"知识"与"制度"是驱动广告产业发展的重要影响因素④。张金海先生将"资源"与"制度"视为制约广告产业发展和选择广告产业发展模式的两大要素与分析框架⑤。

综合上述几位的观点，可以这样认为，制约和影响中国广告产业发展最重要的三大因素是资源、制度和市场。资源差异可以帮助理解国家广告产业园区域分布的不均衡和发展的差异性；制度因素可以帮助理解造成中国广告产业长期粗放型增长的原因，以及制度创新对于向集约化发展转型的重要性；市场因素也可以帮助理解国家广告产业园区域分布的不均衡和发展的差

---

① 国家工商行政管理总局《广告产业发展"十二五"规划》中提及了"粗放经营方式普遍存在"。

② 张金海、廖秉宜：《中国广告产业发展的危机及产业创新的对策》，《新闻与传播评论》（2008 年卷），武汉大学出版社，2009。

③ 陈刚：《发展广告学的理论框架与影响因素研究》，《广告大观》（理论版）2013 年第 1 期。

④ 姚曦、秦雪冰：《社会科学的使命与发展广告学》，《广告大观》（理论版）2013 年第 1 期。

⑤ 张金海、陈玥：《发展广告学的分析框架与国家案例研究》，《现代传播》2013 年第 12 期。

异性，以及在国家广告产业园运营阶段充分发挥市场主导作用的必然性和必要性。

1.2.4 中国广告产业发展的路径探讨

对于中国广告产业发展路径的探讨已有 10 年的历程，分别在产业经济学和发展经济学的框架下，围绕着中国广告产业长期存在的"低集中度、泛专业化"难题的破解而展开，主要是集群化和集约化两大路径。

1.2.4.1 集群化发展

张金海先生认为应该借鉴日、韩两国依托媒介或企业的广告产业发展模式，形成大型的广告企业集团；通过建设广告产业集群而走向产业集中，从而解决中国广告产业长期存在的"低集中度和泛专业化"问题①。

张金海先生还谈道，要创新广告产业发展路径，走专业化→专门化→集群化→规模化的道路，要保证有效的公共政策供给②。

关于如何发展广告产业集群的问题，张金海先生认为选择市场主导型的产业集群发展模式是不可靠的，要走国家干预型的产业集群发展模式③。

张金海先生的这些主张，实际上成为了国家工商总局启动国家广告产业园建设的理论前导。

1.2.4.2 集约化发展

对广告产业集约化的探讨可以追溯到 1995 年，但研究走向深入却是近些年的事情。

从 1995 年罗志上④先生的论文到 2012 年赵烨⑤女士的论述，都谈到了我国广告产业处于粗放型增长阶段，时间跨度长达近 20 年。杨培青女士认为广告业还属于粗放型的增长，尚未达到集约型发展水平⑥；廖秉宜先生认为，外延式、粗放式的增长方式在市场发展初期是一种必需和必然，当逐渐

---

① 张金海、廖秉宜：《中国广告产业发展的危机及产业创新的对策》，《新闻与传播评论》（2008 年卷），武汉大学出版社，2009。
② 张金海、廖秉宜：《中国广告产业集群化发展的战略选择与制度审视》，《广告大观》（理论版）2009 年第 1 期。
③ 张金海、廖秉宜：《中国广告产业集群化发展的战略选择与制度审视》，《广告大观》（理论版）2009 年第 1 期。
④ 罗志上：《重庆广告业的发展机遇与前瞻性应对》，《重庆商学院学报》1995 年第 3 期。
⑤ 姜红：《是"产业园"还是"广告公司的集散地"——访中广国际广告创意产业基地发展有限公司总经理赵烨》，《中国广告》2012 年第 6 期。
⑥ 杨培青：《当前中国广告业存在的几点不足》，《经营者》2008 年第 4 期。

进入成熟阶段时就要向集约型、内涵式增长方式转变①。张金海先生谈道，国家"十二五"广告业发展规划的一个重要目标，就是集约化，就是要解决广告产业高度分散、高度弱小这个核心问题②。

如何实现中国广告产业的集约化发展呢？陈鹭流先生认为广告公司应该以专业化经营为突破，回归集中化发展，向集约化经营转变③。顾顺坤先生则提及广告传媒要从粗放经营向集约经营转变④。罗志上⑤和张金海先生都认为应该组建广告企业集团⑥，廖秉宜先生提出了通过并购与联合而走向集约化的战略选项⑦，认为国家广告产业园是广告产业集约化发展的重要途径⑧。上海园区总经理赵烨女士根据自身的园区经营管理实践，也认为园区化是向集约型发展的一种很好的方式⑨。

综合上述集群化和集约化两个方面的观点，要破解"低集中度和泛专业化"的难题，实现粗放型向集约型的转变，既需要广告传媒和广告公司的集约化经营管理，也需要政府的广告产业制度创新和行政干预，更需要通过建设广告产业园区来培育大型广告企业集团和广告产业集群。

1.3　国家广告产业园研究

广告产业园作为一个名词出现，经中国知网全文数据库检索，最早出现在 2009 年，张金海先生在谈到广告产业集群时，提出了鼓励广告媒体和广告主在广告产业园区设立办事处的主张⑩。

而政府有关部门开始推动建设广告产业园区，最早当是 2011 年 2 月 10

① 廖秉宜：《解读 2007 中国广告业现状及变局》，《广告大观》（理论版）2007 年第 4 期。
② 张金海：《集约化是中国广告业发展的一个核心目标》，《声屏世界·广告人》2012 年第 9 期。
③ 陈鹭流：《广告公司的集中化和专业化发展——广告公司面临的形势和发展思路》，《中国广告》1997 年第 1 期。
④ 顾顺坤：《推进广告经营方式的转变》，《视听纵横》2004 年第 5 期。
⑤ 罗志上：《广告企业资质量化及前瞻分析》，《中国工商管理研究》1998 年第 7 期。
⑥ 廖秉宜：《解读 2007 中国广告业现状及变局》，《广告大观》（理论版）2007 年第 4 期。
⑦ 廖秉宜：《并购之外的博弈：专业化、集群化、集约化、国际化》，《广告大观》（理论版）2013 年第 1 期。
⑧ 廖秉宜：《我国广告产业园区建设策略》，《开放导报》2013 年第 8 期。
⑨ 姜红：《是"产业园"还是"广告公司的集散地"——访中广国际广告创意产业基地发展有限公司总经理赵烨》，《中国广告》2012 年第 6 期。
⑩ 张金海、廖秉宜：《中国广告产业集群化发展的战略选择与制度审视》，《广告大观》（理论版）2009 年第 1 期。

日发布的《山东省人民政府关于促进全省广告产业发展的意见》中，提出"培育一批有竞争力的广告创意园区（基地）"。

什么是国家广告产业园呢？国家工商总局在其 2012 年 3 月 26 日颁布的《国家广告产业园区认定和管理暂行办法》中设定了认定的如下八项条件。

广告产业和直接关联产业的企业，占园区入驻企业 70% 以上；

符合国家和区域经济社会发展总体规划，经地级市以上地方人民政府批准设立；

地方人民政府对园区有具体的支持政策；

园区有明确的地理边界、完整的建设和发展规划，规模能够适应产业集聚需要；

园区具有独立法人资格，建设和运营主体明确，运营机制规范，管理制度完善，能有效组织开展管理与运营；

园区入驻企业拥有一定数量的广告专业技术职称的专业人员，产值等主要经济效益指标居同类园区领先地位；

园区有功能完善的公共服务平台和支撑体系，能够为入驻企业和公众提供专业服务和基本公共服务；

园区基础设施完善，建筑物符合相关建设标准，与创意产业业态等相和谐，消防等符合国家规定。

符合这八个条件的广告产业园区才可能被认定为广告产业园区。

关于广告产业园的研究，萌芽于 2009 年，集中出现在国家广告产业园开始建设之后，大体围绕着建设的意义、产业园的经济学逻辑、建设中存在的问题、如何正确处理政府和市场在建设中的作用以及如何促进国家广告产业园的建设与运营等五个方面的议题展开。

1.3.1　建设国家广告产业园的意义

学界专家张金海先生、陈培爱先生、姚曦先生等，充分肯定了建设国家广告产业园的意义和价值。张金海先生在 2012 年的中原广告产业园区建设与运营高峰论坛的演讲中提出，国家广告创意产业园建设的核心目标是在产业集聚的基础上，培育大型或超大型的广告企业集团，从而真正实现中国广告产业的集群化和规模化发展①；陈培爱先生则认为以前提出的强强合作、中外合作、加强代理制、加强人才培养等方法，并没有实际效果，而广告产业园区的发展，则能够从根本上解决广告产业发展的瓶颈问题，这是因为园区化是规模化的必经之路，广告产业园区是培育广告创意产业成长与发展的有效方式②；姚曦先生等也认为国家广告产业园建设可以有效解决广告产业的规模化、专业化和产业结构调整等问题③。

政府广告行业的负责人也多次强调了建设国家广告产业园的重要意义。2013 年 4 月，国家工商总局局长张茅先生在全国工商系统广告工作会议暨广告产业园区建设现场会上的讲话中，讲到国家建设广告产业园就是要"促进广告业集约化发展"。国家工商总局广告监督管理司副司长黄新民女士等认为，建设国家广告产业园符合服务业发展的规律，能够提高广告产业的集聚程度，促进广告产业的专业化发展④。国家工商总局广告监督管理司产业发展处处长赵践先生也认为，国家广告产业园的建设加速了广告产业的集约化、专业化、国际化进程，实现了广告产业整体影响力的率先突破⑤。

学界和政府专家的论述，充分地认识和肯定了建设国家广告产业园的重大意义，亦即符合服务业的集聚发展规律，能够解决中国广告产业长期存在的"高度分散、高度弱小"的难题，推进中国广告产业集约化、专业化和国际化的发展进程。

1.3.2　国家广告产业园建设的经济学逻辑

这是一个基础性的理论前提。张金海先生等⑥、姚曦先生等⑦、王菲女

---

① 张金海：《集约化是中国广告业发展的一个核心目标》，《声屏世界·广告人》2012 年第 9 期。
② 陈培爱：《中国广告业的第二个春天——写于首批国家广告创意产业园区获得批准建设之际》，《中国广告》2012 年第 6 期。
③ 姚曦、秦雪冰：《以广告产业集群为导向建设广告产业园区》，《广告大观》（综合版）2012 年第 4 期。
④ 黄新民、乔均：《以园区建设为抓手，促进广告业和谐发展》，《中国广告》2013 年第 3 期。
⑤ 赵践：《国家广告产业园的使命及意义》，《声屏世界·广告人》2013 年第 6 期。
⑥ 张金海、廖秉宜：《中国广告产业集群化发展的战略选择与制度审视》，《广告大观》（理论版）2009 年第 1 期。
⑦ 姚曦、秦雪冰：《以广告产业集群为导向建设广告产业园区》，《广告大观》（综合版）2012 年第 4 期。

士等①，都认为广告产业园的建设逻辑是广告产业集群，应该按照广告产业集群的模式来规划、建设和运营。姚曦先生谈道，只有这样，才能避免广告产业园的"杂园"、"空园"和"集而不群"现象。②

这是从集聚经济的角度对国家广告产业园建设的专业解释，对于参与国家广告产业园建设与运营的有关机构和人员，正确地理解和把握广告产业园的集群经济特点和演化规律，匡正广告产业园的发展方向，具有重要的理论指导意义。

1.3.3 国家广告产业园建设目前存在的问题

2014年4月国家工商总局组织的"广告产业园区建设和运营专家评估组"提交的评估报告，将国家广告产业园建设中存在的问题总结为九个方面。

> 对广告产业及广告产业园区的理解不够深入；
> 园区公共服平台搭建不足，支撑作用不够；
> 部分园区资金渠道单一，资金利用率有待提高；
> 部分园区定位不清，广告产业园区的特色有待加强；
> 园区的市场活力和持续动力不足；
> 园区建设与产业规划失衡；
> 园区对入园企业标准的制定和考量有待加强；
> 部分园区业态杂糅，广告产业链结构混乱；
> 园区仅重视引入龙头企业，未重视培育龙头企业。

这九个主要问题，几乎涵盖了国家广告产业园区建设和运营的所有方面，尤其是第一个主要问题"对广告产业及广告产业园区的理解不够深入"应是导致其他问题出现的根本原因，也印证了上文强调的广告产业园建设产业集群逻辑的重要性。

---

① 王菲：《从产业逻辑看广告产业园区》，《广告大观》（综合版）2012年第4期。
② 姚曦、秦雪冰：《以广告产业集群为导向建设广告产业园区》，《广告大观》（综合版）2012年第4期。

1.3.4　政府和市场在国家广告产业园建设中的角色与作用

这是在关于国家广告产业园的讨论中，专家们论及较为集中的议题。

张金海先生等提出，地方政府应该在广告产业园的公共政策需求方面，积极进行制度、职能和行为的创新，在产业政策上予以扶持和引导，创造良好的经营环境和投融资环境，鼓励专门化公司提高专业服务水平以及有实力的公司发展①。国家广告产业园是区域广告产业集聚发展空间，也是促进区域广告产业健康快速发展的主体依托，所以，地方政府不能缺位，必须承担相应的职能。

赵烨女士认为企业投资开发的园区，其优势和劣势都是政府职能缺位。优势是使园区免遭行政性的非经济干预，劣势是致使园区发展受制于周边环境和公共服务配套。强调要发挥政府和市场两只手的作用②。

陈培爱先生和金定海先生则强调了市场的重要性。陈培爱先生谈到政府是扶持和孵化广告产业园的"一只手"，但另一只隐形的"市场之手"是保证广告产业园可持续发展的唯一出路③。金定海先生认为政府的过分介入，极易使园区产生"行政依赖性"，脱离内生性发展逻辑，偏离市场而形成"行政性锁定效应"④。

周凯先生等认为在广告创意产业园发展到一定水平之后，需要政府适时转变角色和功能，必须逐步由主导向引导过渡，主要通过营造宽松的政策环境和良好的发展氛围来促进国际广告产业园的发展⑤。

综合上述观点，政府是国家广告产业园建设的主要推手，在建设初期不能缺位，在进入正式运营阶段之后应该转向软服务，变主导为引导和服务，由市场来主导和决定其日常运营和未来发展。

---

① 张金海、廖秉宜：《中国广告产业集群化发展的战略选择与制度审视》，《广告大观》（理论版）2009 年第 1 期。

② 姜红：《是"产业园"还是"广告公司的集散地"——访中广国际广告创意产业基地发展有限公司总经理赵烨》，《中国广告》2012 年第 6 期。

③ 陈培爱：《中国广告业的第二个春天——写于首批国家广告创意产业园区获得批准建设之际》，《中国广告》2012 年第 6 期。

④ 金定海：《链接·激活·创新——广告产业园区的价值思考》，《广告大观》（综合版）2013 年第 8 期。

⑤ 周凯、王炫容：《"软硬扶持"双管齐下，重塑中国广告产业集群》，《广告大观》（综合版）2012 年第 4 期。

1.3.5 国家广告产业园建设的具体举措

关于此类议题，专家们的讨论较多，主要集中在产业链、产业结构、产业关联、数字企业培育、通过满足市场需求实现广告产业发展等五个方面。

1.3.5.1 打造产业链

王菲女士和赵烨女士都论述了国家广告产业园打造产业链的重要性。王菲女士谈道，广告产业园一个很重要的任务就是通过打造产业链，强化广告企业的专业化分工，实现广告公司从"小而散"向"强而专"的转变[1]。赵烨女士认为，广告产业园如果无法形成产业链，最终只能沦为广告公司的集散地[2]。

廖秉宜先生认为广告产业园区要构建"广告产业全产业链模式"[3]。这是主张广告产业园内产业链的完整性，也与许多园区主张的打造全产业链观点一致。

但黄升民先生、乔均先生和笔者则强调了广告产业园产业链的非完整性。黄升民先生认为，将广告产业链的各个环节都聚合在广告产业园内，是没有必要的，应该建立各个环节之间高效的交流平台[4]。乔均先生认为，应该在某一产业链条的基础上根据区域特色来定位广告部服务链条，才能形成集聚性和规模性[5]。笔者曾提出由于园区所在地广告资源禀赋的差异，一个广告产业园就不可能提供产业链上的所有优质服务，广告产业链只能是相对完整和部分优质，并与其他广告产业园形成优势互补[6]。

如何打造国家广告产业园的广告产业链？丁俊杰先生等认为要适应广告产业链的发展趋势，促进创新环节的良性聚集[7]。姚曦先生等提出，广告产

---

① 王菲：《从产业逻辑看广告产业园区》，《广告大观》（综合版）2012 年第 4 期。
② 姜红：《是"产业园"还是"广告公司的集散地"——访中广国际广告创意产业基地发展有限公司总经理赵烨》，《中国广告》2012 年第 6 期。
③ 廖秉宜：《我国广告产业园区建设策略》，《开放导报》2013 年第 8 期。
④ 黄升民：《广告产业园：但愿不是种下龙种收获跳蚤》，《中国广告》2012 年第 6 期。
⑤ 姜红：《国家级产业园应围绕广告产业链条做出各自特色——访南京财经大学教授乔均》，《中国广告》2012 年第 6 期。
⑥ 颜景毅：《Advertising Park Resources 广告产业园建设的三个关键词》，《声屏世界·广告人》2012 年第 9 期。
⑦ 丁俊杰、王昕：《产业聚集理论视阈下的广告产业园区发展思考》，《山西大学学报》（哲学社会科学版）2012 年第 5 期。

业园在招商时要注重广告产业链的上、下游关系①。

综合上述学者们的论述，可以看出，产业链打造是国家广告产业园建设绕不开的话题，学者们有完整说、相对完整说、流通交流链条说、特色链条说等不同的观点。

1.3.5.2　产业结构

在国家广告产业园的产业结构方面，廖秉宜先生作了探讨。

他认为，目前的广告产业园区多是网状式广告产业集群，集群内的企业缺少关联与合作，应构建多核式和网状式结合的混合式广告产业集群，推动广告产业园的规模化发展。

廖秉宜先生的这种看法，应该说既符合了中国广告产业"高度分散、高度弱小"的客观状况，也有益于广告企业借助国家广告产业园这个集中化、集群化、集约化发展平台，培育大型广告企业，从而实现规模化发展。

1.3.5.3　产业关联

周凯先生等认为，很多广告产业园的生产联系呈现离散状态，企业彼此间合作性低，无法实现优势互补②。

姚曦先生等提出，广告产业园不能仅仅借助政府的行政力量来完成生产要素的地理邻近性集聚，而是要形成制度临近和组织临近的产业联系和互动创新，才能避免集而不群的现象，获得合作竞争、创新扩散、知识溢出等集群效应③。

廖秉宜先生也认为广告产业园区不仅是广告企业的集聚地，也是广告关联产业的集聚地，应该从横向关联和纵向关联的角度来密切产业联系和合作④。

这些关于产业关联的论述和观点，对于国家广告产业园的选商、招商和产业链打造，具有指导意义。

1.3.5.4　数字等新技术应用和新业态培育

丁俊杰先生等提出，园区要建立能够满足数字传播技术发展的技术架构

---

① 姚曦、秦雪冰：《以广告产业集群为导向建设广告产业园区》，《广告大观》（综合版）2012年第4期。

② 周凯、王炫容：《"软硬扶持"双管齐下，重塑中国广告产业集群》，《广告大观》（综合版）2012年第4期。

③ 姚曦、秦雪冰：《以广告产业集群为导向建设广告产业园区》，《广告大观》（综合版）2012年第4期。

④ 廖秉宜：《我国广告产业园区建设策略》，《开放导报》2013年第8期。

和服务体系，为新业态的发展提供服务①。

黄新民女士等认为，广告产业园应该高度重视互联网发展下的广告软件产业②。

廖秉宜先生建议，广告产业园区要积极引导新型广告业态入驻，从而推动广告产业转型升级，应该重点发展数字营销公司、媒介购买公司、媒介广告公司、企业广告公司、内容植入营销公司等新型广告业态③。

这些观点说明数字营销企业和广告关联类企业应是广告产业园招商的主要客户，因为这符合广告服务向 IMC 和数字化的转型升级趋势，也回应了"互联网＋"模式下的广告产业发展大势。

1.3.5.5 通过满足广告服务实现广告发展

丁俊杰先生等认为，国家广告产业园应该推动园区与市场需求对接，通过扶持企业品牌来扩大园区影响力，实现园区品牌与企业品牌的良性互动发展④。这个观点，对于国家广告产业园尤其重要。因为只有通过为企业产品的品牌化提供广告专业服务，广告产业才能证明自己的价值，也才能获得发展的各种资源。特别是对于在全国广告市场上没有太大影响力的广告产业园区来说，为地方社会经济发展服务是安身立命的生存和发展逻辑。事实上，这也是国家广告产业园需要承担的责任和义务。

通过对学者们关于"世界广告产业发展模式研究"、"中国广告产业研究"和"国家广告产业园研究"已有成果的系统梳理，可以发现这些研究从世界广告产业发展的宏阔视野，到中国广告产业发展的视野收敛，再到国家广告产业园发展研究的关注聚焦，一步步走向深入和具体化。

世界广告产业发展的研究，使我们认识到了中国既有广告产业发展模式的弊端，借鉴其他国家广告产业发展模式的选择性和自我创新的必要性。

对于中国广告产业发展的研究，不仅使我们深刻洞悉和把握了中国广告产业长期的粗放型增长，也认识到了在不适宜的广告产业发展模式下，长期

---

① 丁俊杰、王昕：《产业聚集理论视阈下的广告产业园区发展思考》，《山西大学学报》（哲学社会科学版）2012 年第 5 期。
② 黄新民、乔均：《以园区建设为抓手，促进广告业和谐发展》，《中国广告》2013 年第 3 期。
③ 廖秉宜：《我国广告产业园区建设策略》，《开放导报》2013 年第 8 期。
④ 丁俊杰、王昕：《产业聚集理论视阈下的广告产业园区发展思考》，《山西大学学报》（哲学社会科学版）2012 年第 5 期。

粗放型增长所带来的产业后果——低集中度和泛专业化，还使我们探讨了改变这种产业发展模式和粗放型增长方式的必要性和可以选择的种种路径，比如政府干预型的广告产业发展模式、国家广告产业制度创新、培育大型广告企业和广告产业集群、建设广告产业园区，等等。

对于国家广告产业园建设与运营的研究，则使我们明确了政府主导建设广告产业园的必要性以及由此必须进行的管理和发展制度创新。更使我们认识到了国家广告产业园在运营阶段实现由政府主导向市场主导转变，充分发挥政府和市场这两种资源配置方式的重要性。

1.4　小结

在世界广告学苑中，广告产业先发的欧美地区在广告学术研究上也获得了先发优势，在广告修辞研究、广告运动研究等方面建立了我们短时间内难以企及的学术地位。但伴随着中国广告产业持续 30 多年的高速增长，聚焦于中国广告产业发展问题的中国广告学术研究也获得了长足的进步，特别是包括了世界广告产业发展模式研究、广告产业发展的一般研究、中国广告产业发展研究、广告产业园研究在内的广告产业研究，已成为世界广告学苑中最为靓丽的中国风景。也正是这些研究的进展和积累，为本书的撰写奠定了坚实的研究基点。

张金海先生等提出的欧美国家高度市场化背景下自由竞争的独立产业发展模式，日、韩两国在国家政策与行业标准双重维护下的媒介、企业共生型发展模式和中国港台地区自由开放背景下外资全面控局的产业发展模式等世界广告产业发展的三大发展模式，是反思和评价中国广告产业发展模式的重要参照框架，可以有效地解释以建设国家广告产业园为主要抓手的政府主导广告产业发展模式的转型。

"低集中度和泛专业化"的粗放型增长是描述和评价中国广告产业现状的专业权威观点，成为探讨中国广告产业发展路径的基本出发点和所要承担使命的基本依据。

中国广告产业长期粗放型增长的原因是在不同于欧美地区的市场环境中，照搬了欧美地区的产业发展模式，从而造成广告产业在政府缺位、市场失范的环境中野蛮生长。

针对这种现状和原因的探讨，集群化和集约化发展成为相互关联的两种基本发展路径，而建设国家广告产业园则成为实践这两种发展路径的共同选择。

关于国家广告产业园的研究，是关于世界广告产业发展研究和中国广告产业发展研究的继续和深入，已成为近年来广告学术研究的热点之一，这些讨论涉及了国家广告产业园建设的意义、国家广告产业园建设的集群逻辑、产业链的建构、产业结构升级、产业协作、政府角色与作用、新业态培育等方面，尽管没有太多的实证研究基础，研究视角也显得多元而零散，对于广告产业以及国家广告产业园的集约化发展使命与路径也没有予以较多的探究，但为国家广告产业园集约化发展研究提供了有益的参考和深入研究的空间。

第二章

———— ⟨⟐⟩ ————

国家广告产业园集约化发展研究的
理论基础：集约化理论

国家广告产业园作为政府推动广告产业集聚发展的一种组织化形式，其集约化发展的研究，需要使用的理论分析工具主要是集约化理论。故下文就结合本书的研究问题，对集约化理论进行必要的梳理，以建立评价集约化发展状况的分析框架以及路径选择的基本思路。

2.1 集约化的内涵

2.1.1 对于集约化内涵的早期研究

粗放（Extensive）和集约（Intensive），是最早由英国经济学家大卫·李嘉图在关于地租理论中提出来的两个相对的一组概念[①]。

马克思最早给予了定义，即"在经济学上，所谓耕作集约化，无非是指资本集中在同一土地上，而不是分散在若干毗连的土地上"。[②]

英国经济学家安格斯·麦迪森在研究中国宋代经济进步时认为，主要是转向了集约式水稻耕作农业，是土地的相对稀缺导致了对农家肥的集约使

---

① 秦远建、李必强、段红涛：《论产业集约化发展》，《科技进步与对策》2002 年第 6 期。
② 马克思：《资本论》第 3 卷，人民出版社，1975，第 760 页。

用①，讲的是农家肥这种农业生产要素在土地上的集中使用，带来单位面积产量的增加。

不管是资本或者是农家肥，都是农业生产要素的集中规模化投入，以求得单位面积的规模化产出。这是集约化理论原初所指的领域，即农业集约化经营，其原初含义是以集中规模化投入，来求得更大的规模化产出和单位投入效率。与此相对的粗放型经营，则是通过分散投入，尽管也可能获得规模化产出，但是不大可能获得更高的单位投入效率。正是在这个意义上，张金海先生认为，"集约化，包含规模与效率"。② 换言之，集约化意味着集中规模化投入和规模化产出，以及更高的单位投入效率。

在世界各国中，苏联在列宁时期就开始关注集约化问题，早期主要是在农业领域，后来扩展到了工业领域。

苏联学者伊利英在谈到农业集约化时，提到的最主要条件有：增加投入、科学劳动、认识发展规律、科学知识、集体农庄和国营农场、改进劳动组织方法、优化生产组织方法等。规模化生产的载体有农庄、庄际联合公司、农工综合体、地域生产综合体、大型集团化龙头企业等③。

陈惠珍女士认为，苏联的集约化体现在质量和效率两个方面，主要依靠基于技术进步的劳动生产率提高和生产资料质量改进来实现④。

伊利英还认为实现农业集约化，需要农牧业的正确配合⑤。这实际上谈到了产业间的协作与协同问题。

由此可见，苏联的集约化在继承了"以集中规模化投入获取规模化产出和更高的单位投入效率"的基础上，又创造性地提出了"生产要素的高质量"、"生产管理的优化"、"生产组织的规模化"和"产业结构的优化协作"，丰富了集约化的内涵。

2.1.2 中国学者的研究

据笔者对中国知网全文数据库集约化论文的检索研究来看，在苏联之后

① 〔英〕安格斯·麦迪森：《中国经济的长期表现——公元 960～2030 年》（修订版），伍晓鹰、马德斌译，王小鲁校，上海人民出版社，2011。
② 张金海：《集约化是中国广告业发展的一个核心目标》，《声屏世界·广告人》2012 年第 9 期。
③ 〔苏联〕伊利英：《社会主义农业的集约化问题》，罗士权译，时代出版社，1956，第 62 页。
④ 陈惠珍：《苏联转入集约化发展生产的条件和问题》，《苏联问题参考资料》1983 年第 1 期。
⑤ 〔苏联〕伊利英：《社会主义农业的集约化问题》，罗士权译，时代出版社，1956，第62 页。

重视和研究集约化的国家和地区主要是我国。

我国对于集约化理论的研究和应用，源自于对苏联理论成果的译介和应用。译介分为 20 世纪 50 年代和 70 年代末至 80 年代两个时期。我国政府层面对于经济增长"要从粗放经营为主逐步转上集约经营为主的轨道"的呼吁，最早见之于中共十三大报告，这直接引发了我国学者们从 80 年代末开始探讨集约化问题，并在 21 世纪第一个十年里形成高潮。

在近 30 年的集约化研究中，我国学者对于集约化内涵的探讨一方面继承和深化了此前的研究成果，另一方面也有所创获。

徐匡迪先生认为规模经济是集约化的重要特征[1]；仪玉莉女士等提出集约化经营必须有一定的规模[2]；黄璐先生认为规模化是产业集约化的题中之义和主要特征[3]；欧阳新年先生谈道，集约化发展应该是市场主要供应者达到和接近经济规模水平[4]。这些观点不仅继承了苏联集约化的规模化投入和规模化生产，更重要的是提出了要实现规模经济效益。

秦远建先生等认为产业组织结构高度集中和大中小企业共生，是集约化发展的重要特征[5]；欧阳新年先生提到产业集约化的重要特征，是具有较高的产业规模结构，企业间具有科学的分工协作[6]；龚新蜀先生则认为规模经济水平低和企业规模结构不合理，会直接导致粗放型增长[7]。这些观点不仅强化了规模化投入和规模化生产，更强调了规模化生产中规模化企业、企业结构与协作、生产力的组织与配置的合理化等问题。

赵国杰先生等认为，集约化的含义主要是在技术进步机制上，全部要素质态密集而量态节约基础上，提高生产经营效益的过程[8]。这实际上把此前

---

[1] 徐匡迪：《上海必须率先走上集约化发展的道路》，《中国党政干部论坛》1997 年第 7 期。

[2] 仪玉莉、陈岩：《集约化经营是高速公路客运企业组织发展的必然》，《辽宁省交通高等专科学校学报》2004 年第 3 期。

[3] 黄璐：《我国文化产业集约化发展的理性思考和战略路径》，《现代经济信息》2013 年第 8 期。

[4] 欧阳新年：《产业集约化发展及其关联要素分析》，《北京市经济管理干部学院学报》2010 年第 3 期。

[5] 秦远建、李必强：《产业集约化及我国产业实现集约化途径研究》，《武汉理工大学学报》（社会科学版）2001 年第 6 期。

[6] 欧阳新年：《产业集约化发展及其关联要素分析》，《北京市经济管理干部学院学报》2010 年第 3 期。

[7] 龚新蜀：《西部地区产业组织优化与经济集约增长研究》，经济科学出版社，2009，第 174 页。

[8] 赵国杰、刘波：《经济集约化发展水平定量分析初探》，《华侨大学学报》（哲学社会科学版）1998 年第 1 期。

简单的集中规模化投入提升到了"集中节约"的层次，更符合当代环保、生态、减少能耗、可持续的绿色经营理念。

综上所述，可以对于集约化的基本含义做出如下表述。

依靠高质量生产要素的集中节约投入进行规模化生产，通过以规模化企业为主体、企业间相互协作、产业间相互支撑的产业组织和生产的管理优化，来实现劳动生产率的提高、经营成本的降低和规模经济效益。

2.2　企业集约化经营管理

2.2.1　集约化的分类

欧阳新年先生根据现代生产力系统或经济增长系统的层次性，将集约化分为宏观、中观和微观三个层次，宏观层次的集约化是指国民经济增长的集约化，中观层次的集约化是指产业发展的集约化，微观层次的集约化是指企业经营管理的集约化[1]。

产业集约化的基础是企业集约化，而国民经济的集约化又依赖于一个个产业的集约化发展。国家广告产业园是企业的集聚经营空间和产业发展的组织化平台，其集约化发展既有赖于广告企业个体的集约化经营管理，更有赖于其整体上的集约化运营和发展。

2.2.2　企业集约化经营管理的基本路径

2.2.2.1　影响企业集约化经营管理的因素

丁敬平先生等将企业的集约化主要放在了技术进步上[2]。

魏炳义先生则提出了企业集约化经营的两大本质特征是技术进步和管理优化[3]。

吴玢先生提出了"体制条件"、"经济发展阶段"、"管理制度"等国有企业集约化的三大制约因素[4]。

---

① 欧阳新年：《产业集约化发展及其关联要素分析》，《北京市经济管理干部学院学报》2010年第3期。
② 丁敬平、赵英：《关于加强我国社会生产集约化发展的看法》，《改革》1992年第5期。
③ 魏炳义：《试论集约经济》，《生产力研究》1989年第1期。
④ 吴玢：《国营企业集约化与体制改革分析》，《经营管理者》1997年第7期。

总体上看，企业集约化的关键因素主要是技术进步和管理优化。

2.2.2.2　企业集约化的组织选项

尹子民先生等认为企业集约化应选择集团化发展战略[①]。

岳咬兴先生等以日本综合商社作为企业集约化经营的标版，认为综合商社作为一个开放性的综合体和特殊形态的企业组织，能够形成规模效益[②]。

郑毅延先生等认为应该建立基于核心竞争力基础上的虚拟企业联盟[③]。

魏炳义先生认为不同形式的大而精的规模化企业和小而专的微型企业，是企业集约化的基本组织形式[④]。

学者们关于企业集约化的组织形式集中到了专门化企业、集团化企业、总部型企业、虚拟联盟企业等四种形式。

2.2.2.3　企业的集约化经营管理

企业如何进行集约化经营管理呢？

郝云宏先生在考察了浙江中小企业集约化经营之后，认为由质量、集团规模、效益效率、高科技、人才等五大因素构成的集约化经营方式，是浙江众多劳动密集型中小企业的发展方向[⑤]。

同时，郝云宏先生还提出，产业生态园区、适当的制度和法规政策等，是推动中小企业集约化经营的重要保证[⑥]。

搭建产业园区的规模化经营平台，推动中小企业通过人才和科技投入来提高产品质量和效益效率，对于国家广告产业园建设既是一种先验的认可，也适宜于以中小企业为主体的我国广告产业现阶段的特点。

综合上述学者们针对企业集约化经营管理所提出的观点，可以总结如下。

企业集约化经营管理，其组织形式有在产业园区内发展、大而精的规模化企业、小而专的微型企业、总部型企业、虚拟联盟企业。

企业集约化经营管理的主要方式是企业内的人才和科技投入、管理优化，以及政府的制度和政策保障。

---

① 尹子民、孙晖：《全要素生产效率与集约经济效益的分析研究》，《科技管理研究》2008 年第 3 期。

② 岳咬兴、计东亚：《国际电子贸易的集约化经营》，华东理工大学出版社，2003，第 193 页。

③ 郑毅延、王健：《基于核心竞争力的虚拟物流企业联盟探析》，《综合运输》2006 年第 8 期。

④ 魏炳义：《再论集约经济》，《生产力研究》1990 年第 6 期。

⑤ 郝云宏：《中小企业集约化经营案例研究》，浙江工商大学出版社，2014，"序言" 第 1 页。

⑥ 郝云宏：《中小企业集约化经营案例研究》，浙江工商大学出版社，2014，"序言" 第 5 页。

这两个方面将为国家广告产业园的集约化发展,尤其是入园广告企业的集约化经营管理提供理论指导。主要是:广告产业园区为企业的集约化经营管理提供了低成本、高效率、快成长的运营平台和创新环境;专门化广告企业(小而专或大而精的龙头企业)、大而全的综合型企业(实体型、联盟型或总部型龙头企业)是广告产业园主体性的组织形式和重点业态;政府提供扶持政策,促进入园广告企业的集约化经营管理,推动入园广告企业规模化水平的提高;入园广告企业自身要重视人才的引进、培养和使用,提高经营管理水平。

2.3 产业集约化发展

产业集约化发展和企业集约化经营管理,与国民经济集约化发展一起,共同构成集约化的三个层次,是国家广告产业园集约化发展研究最重要的理论资源。

2.3.1 产业集约、产业集约化与产业集约化发展

秦远建先生等对于产业集约、产业集约化和产业集约化发展的含义给予了区分。

他认为产业集约是产业集约化追求的目标,是产业的一种状态,其特征是具有大中小企业共生互补、大企业具有龙头带动作用的产业组织结构,资源配置效率达到最大化[1]。

他还认为产业集约化是在资源优化配置原则下,以社会福利最大化为目标,使产业组织结构高度集中,大中小企业共生,产业可持续发展的过程[2]。

这就是说,集约是产业发展的一种状态和目标,集约化是达成这个目标和状态的发展过程,而产业集约化发展则是产业发展的一种方式,亦即如何完成集约化,如何达到集约的状态或目标。

据此,可以这样认为:国家广告产业园的集约发展形态,就是具有大中

---

① 秦远建:《产业集约化理论与中国汽车产业集约化发展研究》,博士学位论文,武汉理工大学,2003,第16页。
② 秦远建、李必强、段红涛:《论产业集约化发展》,《科技进步与对策》2002年第6期。

小企业互补共生、大企业起到龙头带动作用的产业组织结构，企业运营成本低、经营绩效高的资源优化配置方式，可持续发展的内在动力机制。国家广告产业园的集约化，就是达成集约发展形态的过程。

国家广告产业园的集约化发展，即达成集约发展形态、实现集约化的战略策略、方式方法、思路途径。

2.3.2　产业集约化发展的基本特征或尺度

经过集约化的发展过程，产业是否实现或达到了集约的目标或状态？它具有哪些基本特征或者说通过哪些尺度或指标来评价其发展水平呢？

欧阳新年先生谈到产业集约化发展的重要特征是达到或接近经济规模企业的产量占产业总产量较高的比例，企业之间具有科学的分工协作，生产力组织和配置合理，产业高效运行[①]。这个观点与秦远建先生提到的产业集约状态"大中小企业共生互补、龙头企业带动、资源配置合理"非常接近。

龚新蜀先生提及产业集约化发展还应该具有较高的经济规模水平[②]。

李莹认为检验产业集约化发展的尺度是市场效果，包括了"产业的企业规模结构是否合理"、"产业的利润率是否合理"等方面。

总之，产业集约化发展的基本特征包括具有大中小企业共生的产业规模、具有较高的市场集中度、企业分工深化与高效协作、资源配置合理、生产组织优化、产业整体高效运行并具有规模经济效益，概括起来，就是可以使用规模、结构和效率三个指标来表征产业集约化的发展水平。换言之，规模、结构、效率，是分析和评价产业集约化发展水平的三个维度。

所谓规模，不仅指总体规模，还指总体规模中独立个体的规模。规模化发展既要求产业总体规模水平高，还要求产业总体中的企业个体具有较高的规模化水平。

所谓结构，是指合理的、优化的产业结构，包括了规模结构（大中小企业共生、较高的产业集中度）、业态结构（专门化企业、综合化企业）、产业链结构（纵向、横向）等。这是规模化和效率化的基础。

所谓效率，主要指产业整体上表现出来的经济效益和单位劳动生产率，

---

① 欧阳新年：《产业集约化发展及其关联要素分析》，《北京市经济管理干部学院学报》2010年第 3 期。

② 龚新蜀：《西部地区产业组织优化与经济集约增长研究》，经济科学出版社，2009，第174 页。

比如投入产出效益、人均经济效益、企业户均经济效益、土地利用单位面积经济效益等。

这三个评价尺度或维度在总体上，就可以构成评价国家广告产业园集约化发展水平的分析框架，可以用来分析和评估国家广告产业园的集约化发展状况。

2.3.3 影响产业集约化发展的制约因素

龚新蜀先生提出了"企业规模结构不合理"是直接导致经济粗放增长的重要因素[①]。

欧阳新年先生认为产业集约化发展，与资源的配置和利用情况、产业规模结构、产业链、技术进步、管理优化等因素密切相关，是这些关联要素综合作用的结果[②]。

王逢宝先生等认为，制约我国集约经济发展最本质的因素是体制因素[③]。

秦远建先生则谈及，制度创新是实现产业集约化发展的关键[④]，还强调了产业规制的重要性，认为根据我国的实践情况应该"选择政府与民间平衡型产业规制较为适宜"，政府保证和保护市场内在的效率，由市场去引导企业[⑤]。

概括上述观点，不难发现影响产业集约化发展的制约因素，主要集中在政府层面的产业制度创新、产业行为与产业环境规制、资源配置方式（集中、扶优，以保障配置的经济效益），产业层面的产业规模结构、产业链、技术进步和企业层面的技术应用、管理水平等。

2.3.4 产业集约化发展的基本路径

欧阳新年先生提出了扩大企业规模和形成产业集群这两种路径，应该突破现有组织和地域限制来配置生产要素[⑥]。有组织和地域限制的是区域产业

① 龚新蜀：《西部地区产业组织优化与经济集约增长研究》，经济科学出版社，2009，第174页。
② 欧阳新年：《产业集约化发展及其关联要素分析》，《北京市经济管理干部学院学报》2010年第3期。
③ 王逢宝、雷定安：《采用绿色GDP统计指标对发展我国集约经济的作用》，《西安财经学院学报》2006年第1期。
④ 秦远建：《产业集约化理论与中国汽车产业集约化发展研究》，博士学位论文，武汉理工大学，2003，第81页。
⑤ 秦远建、李必强、段红涛：《论产业集约化发展》，《科技进步与对策》2002年第6期。
⑥ 欧阳新年：《产业集约化发展及其关联要素分析》，《北京市经济管理干部学院学报》2010年第3期。

或传统的产业集群、产业园区，而突破组织和地域限制的则是虚拟产业集群。

秦远建先生等提出依靠"技术进步"、"劳动者素质提高"、"产业集中度"、"企业经营规模"、"企业家创新激励机制"[①]、"政府政策干预和市场重组相结合"、"培育核心大企业"、"形成企业利益协同机制"、"构建产业组织网络"[②] 的思路。

黄璐先生则提出了"形成企业集团"、建设"产业园区和产业基地"的主张[③]。

李秀娟女士在提出了制度创新是产业集约化发展的重要保障等原则基础上，认为产业集约化发展路径的选择主要是组建大型集团和企业系统性联盟[④]。

概括上述观点，产业集约化发展的基本路径主要有：政府产业制度创新、政府政策干预与市场重组相统一、壮大大型企业、建设产业园区、提高劳动者素质、加快技术进步，等等。

综合本节内容，产业集约化发展水平的分析评估，可以通过规模 - 结构 - 效率三个维度来进行；产业集约化的政府职能，包括创新和提供促进产业集约化发展的新的制度安排、激励性产业集约化政策体系和公共资源；产业集约化发展的可选路径包括建设产业园区（产业集群）、发挥政府和市场的不同作用、推进技术进步和新技术应用、培育龙头大型企业、构建完善的产业链、密切产业协同、提高管理水平等。

这应是国家广告产业园集约化发展研究的基本思路。

2.4　产业园与集约化

2.4.1　产业园概述

2.4.1.1　产业园的界定

王缉慈女士认为，产业园（Industrial Park）属于产业地产，最早可以

---

① 秦远建、李必强：《产业集约化及我国产业实现集约化途径研究》，《武汉理工大学学报》（社会科学版）2001 年第 6 期。
② 秦远建：《产业集约化理论与中国汽车产业集约化发展研究》，博士学位论文，武汉理工大学，2003，第 95～96 页。
③ 黄璐：《我国文化产业集约化发展的理性思考和战略路径》，《现代经济信息》2013 年第 8 期。
④ 李秀娟：《旅游产业集约化发展内在机理与路径选择研究》，《商业时代》2011 年第 27 期。

追溯到 20 世纪 20 年代的英、美两国，20 世纪末出现在发展中国家，有工业园区、企业区、科学园、免税区、出口加工区、保税区、经济技术开发区、高新技术产业开发区、总部基地、产业转移园区等多种称谓①。

联合国环境规划署对产业园的定义为：建立在土地、开发资金及合理规划基础上的，在划定的特定区域内，通过引进项目的形式引进产业资本，并和产业的先进技术和管理经验相结合，实现技术创新和经济发展的一个功能区②。

李国武将工业园区定义为一种人为规划，特别在政府主导之下规划的特殊经济活动空间，目的是为实现工业发展目标③。

贾淑军则认为"产业园区通常是指一个国家或地区政府根据经济发展的内在要求，通过行政或市场化等多种手段，划出一块区域，制定长期和短期发展规划与政策，为企业进驻和发展提供各种基础设施和配套功能，以吸引和引导工业企业及相关配套产业向该地域集聚的一种产业空间组织模式。作为各种生产要素在空间上的聚集体，产业园区通过聚集效应和扩散效应来促进区域经济发展，成为新的区域经济增长极"。④

王璇、史同建定义为"在一个国家或地区，通过政府主导力量干预形成或通过市场机制自发形成的产业集群区域，区域内具有完备的基础设施和良好的社会环境，同时产业集约化程度高、特色鲜明、企业之间具有明显的产业关联，是促进区域经济发展的一种有效方式"。⑤

由此可知，产业园不是产业发展自然演进的产物，而是政府或其他组织用来促进或加快产业集中发展，并最终推进区域经济发展的一个空间平台和产业组织形式。

2.4.1.2 产业园的分类

产业园因为园区内产业的不同形态等，其类型是比较复杂的，比如有农业园区、工业园区、服务业园区、文化产业园区、大学科技园区、高新技术园区等，而每一类这样的园区内部还可以细分，比如文化产业园区可分为艺术园区、传媒产业园区、广告园区、创意设计园区、旅游产业园区、体育产

① 王缉慈：《中国产业园区现象的观察与思考》，《规划师论坛》2011 年第 9 期。
② 陈石：《产业园区企业化运营模式：基于贵州省的研究》，中国经济出版社，2012，第 13 页。
③ 李国武：《产业集群与工业园区关系的研究》，《中央财经大学学报》2006 年第 8 期。
④ 贾淑军：《我国产业园区集约化发展路径研究》，《江西社会科学》2012 年第 12 期。
⑤ 王璇、史同建：《我国产业园区的类型、特点及管理模式分析》，《商》2012 年第 18 期。

业园区，等等。

王齐国、张凌云将产业园分为：传统工业园、生态工业园和后工业园。传统工业园带来了环境危害；生态工业园追求对外界的废物排放趋于零；后工业园实现了生产、生活和生态的融合①。

像产业集群一样，产业园大体也可以分为聚集在特定地理空间和虚拟空间两种类型。沈诗杰和沈冠辰先生认为，虚拟园区是园区内企业与园区外企业共同构成的一个共生体系，利用现代信息技术，进行物质和能源交换等②。

王璇、史同建将产业园区分为政府主导型、开发公司主导型和政园合一型③。

王缉慈女士等把产业集聚区分为企业自然集聚形成的集聚区和投资主体建园后形成的、开发的产业园区两大类，而开发的产业园区又分为政府开发的产业园区和企业开发的产业园区，政府开发的产业园区还可以分为综合产业园区和以特色产业为主的专业产业园区或特色产业园区④。

2.4.2　产业园与产业集群

最早的产业集群都是在市场机制的推动下自然形成的，其突出的集群效应引发了学者们的研讨、国际经济组织和政府的关注，随后才出现各种各样的产业园，并寄希望于产业园能够发育成为产业集群而获得集群效应，从而促进区域产业竞争力的提升，获得区域竞争优势。

产业园与产业集群不是完全等同的两个概念，应该予以区分。学者们对此多有研究。

王璇、史同建认为产业园与产业集群有不同的特点，即以发展经济为目标、特定的地域范围实施大量的优惠条件、集群效应和生态效益明显⑤。这意味着产业园是政府或企业的主观意志，其方法是优惠条件，其目的是通过集群效应的产生而发展区域经济或获取经营效益。

王缉慈女士等认为"有产业集群的地方不一定需要产业园区，建设了

---

① 王齐国、张凌云：《文化产业园区》，山东大学出版社，2011，第43~44页。
② 沈诗杰、沈冠辰：《生态工业园区建设中产业集聚效应研究》，《长春理工大学学报》（社会科学版）2011年第4期。
③ 王璇、史同建：《我国产业园区的类型、特点及管理模式分析》，《商》2012年第18期。
④ 王缉慈等：《超越集群：中国产业集群的理论探索》，科学出版社，2010，第119页。
⑤ 王璇、史同建：《我国产业园区的类型、特点及管理模式分析》，《商》2012年第18期。

产业园区的地方也不一定会发展产业集群"①。她提出了产业园与产业集群双向演进的观点，还认为产业园是外力驱动，产业集群是内力驱动；将传统的产业园区转化为具有功能联系的产业集群并非易事。她提醒道："产业集群在产业园区发展起来，需要数年甚至十数年之久。"②

李国武先生也认为，产业集群的形成不一定需要工业园区作为平台，只有发展到对生产空间和创新环境有更高要求时，才会需要工业园区这个平台。工业园区也不一定能带来产业集群的形成与发展，在良好的区位禀赋和制度环境下，工业园区才有可能成为集群的栖息之地③。

如何将产业园培育成为产业集群呢？贾淑军先生认为，一方面通过吸引各种生产要素的空间聚集，为产业集聚和集群的形成与发展奠定基础；另一方面通过产业集聚和集群效应带动产业链的分工协作。产业园发展成为产业集群需要三种聚集力：自然优势聚集力、区位外溢聚集力和人文聚集力。但在实践中，很多地方政府并未遵循产业聚集机理④。

从上述论述来看，产业园发展成为产业集群，遵循的应该是如下的逻辑顺序（见图2-1）。

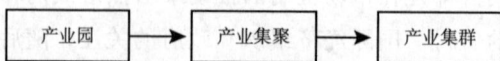

图2-1 产业园、产业集聚、产业集群关系示意

产业园仅仅是承载、培育产业集群的空间平台，发展成产业集群既需要时间，也需要足够的企业数量基础、良好的区位禀赋、有效的制度供给和遵循产业集聚和产业集群的形成规律。

2.4.3 产业园、产业集群与产业集约化

研究国家广告产业园的集约化发展，还要弄清楚产业园以及产业集群与产业集约化发展之间的关系。

陈永莲女士通过区域经济集约化发展的个案研究，发现以产业集群方式推动生产性服务业和制造业互动发展，是江苏实现经济集约化发展模式的有

---

① 王缉慈等：《超越集群：中国产业集群的理论探索》，科学出版社，2010，第70页。
② 王缉慈等：《超越集群：中国产业集群的理论探索》，科学出版社，2010，第70页。
③ 李国武：《产业集群与工业园区关系的研究》，《中央财经大学学报》2006年第8期。
④ 贾淑军：《我国产业园区集约化发展路径研究》，《江西社会科学》2012年第12期。

效途径之一①。

欧光军先生等提出，高新区走集群化发展道路是企业内生发展的依据和方向，而其集群化水平则决定了其集约化的发展程度②。

赵明香女士等认为，企业集群是大学科技园集约化发展的保障③。

罗文先生谈道，园区发展面临问题的解决之路，应该是集群化和集约化④。

贾淑军先生认为，转变经济发展方式，就要求产业园区更趋集约化⑤。

专门论述产业园发展的学者，也将产业园的发展过程划分为集中（集聚）、集群、集约三个阶段⑥，集中解决企业聚集发展问题，集群解决企业聚集之后的发展生态问题，而集约则解决这个产业园区的规模、结构和最终的生产与经营效率问题。

还有学者认为产业园区的集约化目标主要是"产业链相互贯通"、"单体接近规模经济水平"、"范围经济充分体现"、"资源产出率高"等⑦。

这些论述表明了产业园的集约化发展必须通过产业集群来实现，亦即产业园能否建设成为产业集群、能否获得集群效应，是产业园集约化发展的基本依托。所以，要想实现产业园的集约化发展，就要把产业园培育成为产业集群。而要把产业园培育成为产业集群，如何实现从初期的政策路径依赖向根本性的持续的市场路径依赖转变，应该是产业园集群化过程中极为重要的问题。

结合上文产业园与产业集群的关系，可以把产业园、产业集群与产业集约化发展三者之间的关系描述如下（见图2-2）。

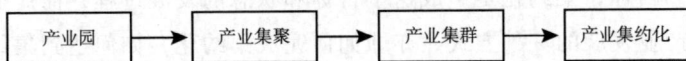

图2-2　产业园、产业集聚、产业集群、产业集约化关系示意

①　陈永莲：《以集群方式推动江苏服务业与制造业互动发展》，《合作经济与科技》2008年第14期。

②　欧光军、孙骞、王茜：《高新区产业集群化发展水平评价研究——基于湖北高新区的实证分析》，《技术经济与管理研究》2013年第4期。

③　赵明香、史占中、于秀婷：《基于区域创新系统的大学科技园集约化发展探讨》，《未来与发展》2005年第5期。

④　罗文：《园区经济升级之路——集群与集约》，《消费导刊》2008年第20期。

⑤　贾淑军：《我国产业园区集约化发展路径研究》，《江西社会科学》2012年第12期。

⑥　四川省工业经济发展研究中心：《四川省产业园区集中集群集约发展评估及发展研究》，西南财经大学出版社，2015，第3页。

⑦　陈泽明：《产业园区建设理论与实践》，中国商务出版社，2013，第151页。

　　产业园首先以产业集群的标准来规划和建设，然后通过有效的制度供给、政策保障和优惠条件等招商入驻而形成产业集聚，再经过若干年的努力来培育各种集群化演进的条件而发育成为产业集群，最终实现产业园的集约化发展目标。

2.5　小结

　　关于集约化的研究虽然可以追溯到大卫·李嘉图，但对其的较为集中的研究和应用起始于苏联，而更为系统化的研究和应用则是由中国学者开创的。也是在中国学者的开放性研究中，集约化理论吸纳和联通了西方经济学中的产业集群、产业园区理论等，丰富和充实了原有的研究框架，为企业、产业以及产业园区的集约化发展研究和集约化发展实践，提供了更有解释力和指导意义的理论工具。

　　源于农业集约经营的集约化，扩展和分化为企业集约化、产业集约化和国民经济集约化三个层次。

　　就企业层面的集约化经营管理来看，其组织形式主要是基于产业园区的运营平台、大而精的规模化企业和小而专的微型企业，其经营管理方式主要是人才和科技投入、新技术应用和管理优化。

　　集约、集约化和集约化发展是三个相互关联的概念。集约是产业发展的一种状态和目标；集约化是达成这个目标和状态的发展过程；而产业集约化发展则是产业发展的一种方式，亦即如何完成集约化，如何达到集约的状态或目标的过程。

　　如何判定产业发展是否实现了集约化或者集约化发展的水平如何呢？通过规模、结构和效率三个指标，就可以进行综合的分析和判断。由这三个研究维度构成的产业集约化发展评价的分析框架，就成为下文对于国家广告产业园集约化发展状况进行评估的合理的理论工具。

　　影响产业集约化发展的制约因素很多，主要表现为资源配置方式和配置水平、产业规模结构水平、产业链、技术水平和管理水平、产业制度、产业规制等方面。

　　促进产业集约化发展的基本路径主要有技术创新与新技术应用、劳动者素质的提高、企业规模结构的扩大（通过大企业、企业集团、企业联盟、虚拟或开放性企业等提高市场集中度）、产业园区建设（通过产业集群、跨地域开放性产业集群、产业园区等实现规模化生产，获取规模经济效益）、制度创新、政府与市场相结合的产业规制等。

产业集约化与产业集聚、产业集群、产业园区具有内在的逻辑关联。产业园区作为人为的产业聚集发展空间和组织形式，为产业集聚提供空间、政策、环境等资源，吸引各种资源要素聚集而形成产业集聚。产业集聚形成之后，伴随着集群要素体系的完善、集群要素间互动协作的结网、园区社会资本的积累、创新空气的生成等，向集群阶段演进。而产业园区产业集群的形成将充分体现和释放出集约化发展的效应，实现集约化发展的最终目标。

第三章

中国广告产业的长期粗放型增长：
广告产业集约化转型的背景*

　　自 1979 年恢复发展以来，中国广告业经历了长期持续的高速增长，总体规模到 2013 年已位列美国之后的全球第二位，但是这种增长却是在粗放型经营方式之下取得的。这种判断，不仅有相关数据可以佐证，而且在高速增长的过程中也有不少专家学者不断地给予了关注和警示。下文将从中国广告产业历年数据的实证分析和专家学者的论述两个方面，来分析中国广告产业的长期粗放型增长及其所带来的影响。

3.1　中国广告产业经济效益分析

　　判断产业发展是粗放型还是集约型，主要从产业的经济效益和产业结构两个维度来进行。如果徒有庞大的产业总体规模，但是产业经济效率低下，产业结构畸形，那么这种产业发展方式就是粗放型的。如果不仅有庞大的产业总体规模，同时还有较高的产业经济效益和合理的产业结构，那么，这种产业发展方式就是集约型的。

---

* 本章所用数据是笔者根据历年的《中国广告年鉴》、国家工商总局网站、国家统计局网站、中国广告协会网站和《中国广告30年全数据》(范路彬编著,中国市场出版社,2009)等提供的资料整理而成。

3.1.1　中国广告产业经营单位历年户均广告经营额变化特点分析

户均广告经营额是判断广告经营单位经营效率的重要指标，其发展变化也是判断其劳动生产率发展变化的重要方法。

有关数据及其变化走势，见表3-1、图3-1和图3-2。

从表3-1和图3-1中不难发现，中国广告产业经营单位的户均经营规模在20世纪80年代之前最低，90年代高速增长，21世纪之后长期徘徊并呈现忽高忽低的不稳定态势，这说明进入21世纪之后，广告经营单位的劳动生产率长期增长乏力。

从表3-1和图3-2中可以看到，广告经营单位的户均经营规模增长率变化幅度较大，并从20世纪末以来长期处于低速甚至负增长的过程中，同样呈现忽高忽低的不稳定态势。

总体来看，不管是广告经营单位户均经营规模的绝对值变化，或者是增长率的变化，都在长期持续徘徊并进入平台期，持续增长乏力。这从一个侧面说明了长期的粗放型增长已难以为继。

表3-1　中国广告产业经营单位历年户均广告经营额统计

年份	户均广告经营额(万元)	户均广告经营额增长率(%)
1981	10.2	
1982	9.2	-9.8
1983	10	8.7
1984	9	-10
1985	10	11
1986	12.2	22
1987	13.5	11
1988	14	3.7
1989	17.9	27.9
1990	22.5	25.7
1991	29.8	32.4
1992	40.7	36.6
1993	42.2	3.7
1994	46.5	10.2
1995	56.8	22.2
1996	69.3	22
1997	81	16.9
1998	87	7.4

年份	户均广告经营额(万元)	户均广告经营额增长率(%)
1999	95.9	10.2
2000	100.7	5
2001	101.5	0.8
2002	100.9	-0.6
2003	106	5.1
2004	111.4	5.1
2005	113	1.4
2006	109.9	-2.7
2007	100.9	-8.2
2008	101.7	0.8
2009	99.6	-2.1
2010	96.1	-3.5
2011	107.8	12.2
2012	105.8	-1.9
2013	112.8	6.6
2014	103.9	-7.9

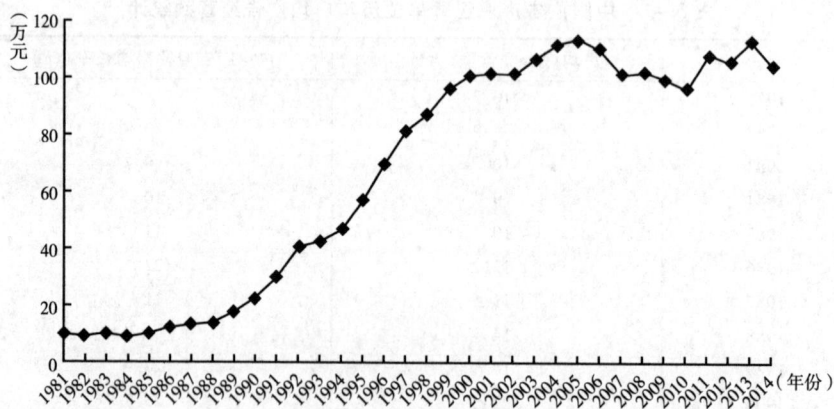

图3-1 中国广告产业经营单位历年户均广告经营额变化走势

3.1.2 中国广告产业从业人员历年人均广告经营额变化特点分析

人均广告经营额也是判断广告经营单位经营效率的重要指标,其发展变化同样也可以判断广告从业人员劳动生产率的发展变化趋势与规律。

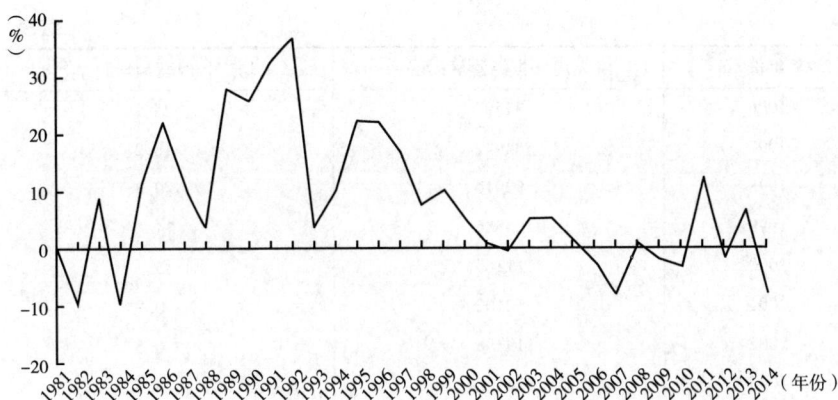

图 3 - 2　中国广告产业经营单位历年户均广告经营额增长率变化走势

有关数据及变化走势，见表 3 - 2、图 3 - 3 和图 3 - 4。

表 3 - 2 和图 3 - 3 虽然显示出广告产业从业人员劳动生产率的持续增长，但图 3 - 4 却显示出劳动生产率的增长率自 20 世纪 90 年代初经过短期的高速增长后，持续下降并呈现不稳定的增减特点，像户均劳动生产率一样持续增长乏力。

表 3 - 2　中国广告产业从业人员历年人均广告经营额统计

年份	人均广告经营额（元）	人均广告经营额增长率（%）
1981	7302	
1982	8333	14.1
1983	6716	- 19.4
1984	7729	15.1
1985	9484	22.7
1986	10413	9.8
1987	12050	15.7
1988	13313	10.5
1989	15592	17.1
1990	18957	21.6
1991	26088	37.6
1992	36600	40.3
1993	42981	17.4
1994	48833	13.6
1995	57245	17.2

续表

年份	人均广告经营额(元)	人均广告经营额增长率(%)
1996	71597	25.1
1997	84642	18.2
1998	92910	9.8
1999	105886	14
2000	111160	5
2001	112102	0.8
2002	119398	6.5
2003	123792	3.7
2004	138380	11.8
2005	150609	8.8
2006	151236	0.4
2007	156487	3.5
2008	149207	-4.7
2009	153104	2.6
2010	158086	3.3
2011	187159	18.4
2012	183655	-1.9
2013	191447	4.2
2014	207667	8.5

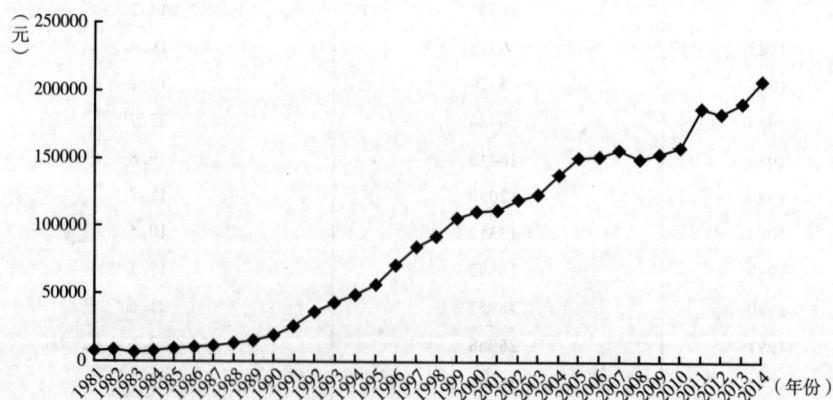

图 3-3 中国广告产业从业人员历年人均广告经营额变化走势

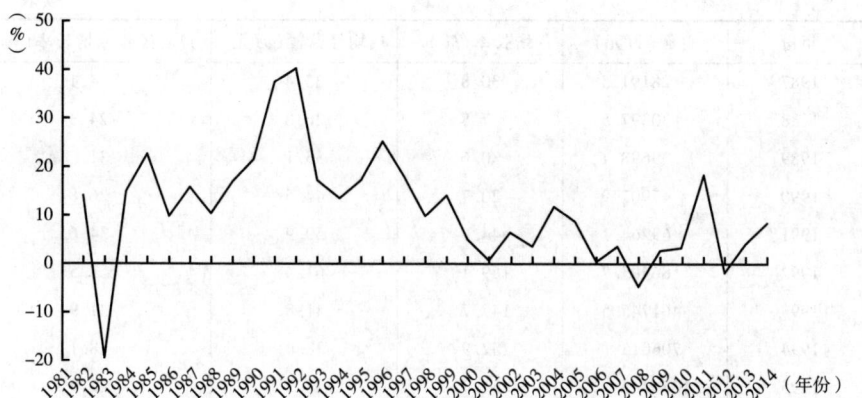

图 3 - 4　中国广告产业从业人员历年人均广告经营额增长率变化走势

3.1.3　中国广告产业专业广告公司历年户均广告经营额变化特点分析

广告经营单位包括了具有广告刊播服务资格的媒体单位和作为产业主体的专业广告公司，其中专业广告公司的户均广告经营额应该是特别能够说明广告产业的经济效益。下面，就从专业广告公司的户均广告经营额及其变化趋势来分析其经济效益。

有关数据及其变化走势，见表 3 - 3、图 3 - 5 和图 3 - 6。

从表 3 - 3、图 3 - 5 和图 3 - 6 来看，专业广告公司的户均广告经营额持续增长，但自 1995 年至 2010 年长期处于平台期，这说明专业广告公司长期遭遇了增长瓶颈。2011 年之后的增长也从另外一个方面说明国家工商总局建设国家广告产业园以来的成效已开始显现。总体来看，专业广告公司的经营规模虽然不断增大，但增长率在下降并已进入增长的平台期，持续增长同样乏力。

表 3 - 3　中国广告产业专业广告公司历年户均广告经营额统计

年份	总额（万元）	增长率（%）	户均经营额（万元）	户均经营额增长率（%）
1983	4870.9		26.9	
1984	10995.9	125.8	25.9	- 3.7
1985	15108.3	37.4	22.22	- 14.2
1986	21557	42.7	34	53

年份	总额(万元)	增长率(%)	户均经营额(万元)	户均经营额增长率(%)
1987	28191.5	30.8	35.4	4.1
1988	30397.5	7.8	26.8	−24.3
1989	39698.1	30.6	35.1	31
1990	47907.9	20.7	44.5	26.8
1991	69264.1	44.6	59.9	34.6
1992	186403.7	169.1	61.4	2.5
1993	461745.5	147.7	41.8	−31.9
1994	706013	52.9	38.4	−8.1
1995	1071245	51.7	47.2	22.9
1996	1567858	46.4	60.9	29
1997	1941413	23.8	66.9	9.9
1998	2301138	18.5	69.1	3.3
1999	2778129	20.7	76.8	11.1
2000	3177333	14.4	78.5	2.2
2001	3709758	16.8	79	0.6
2002	3956527	6.7	68.9	−12.8
2003	4448378	12.4	67	−2.8
2004	5652956	27.1	74.2	10.7
2005	6153837	8.9	73	−1.6
2006	6313245	2.6	63.5	−13.1
2007	6884977	9.1	60.8	−4.3
2008	7783350	13.05	66.37	9.2
2009	8494297	9.14	68.02	2.5
2010	9403495	10.70	65.39	−3.9
2011	13576098	44.37	79.76	22
2012	21447197	20.29	104.74	31.3
2013	29979853	39.8	144.42	37.9

3.1.4 中国广告产业专业广告公司从业人员历年人均广告经营额变化特点分析

专业广告公司从业人员历年人均广告经营额变化趋势和规律，也是判断广告产业经济效益的重要指标。

有关数据及其走势，见表3-4、图3-7和图3-8。

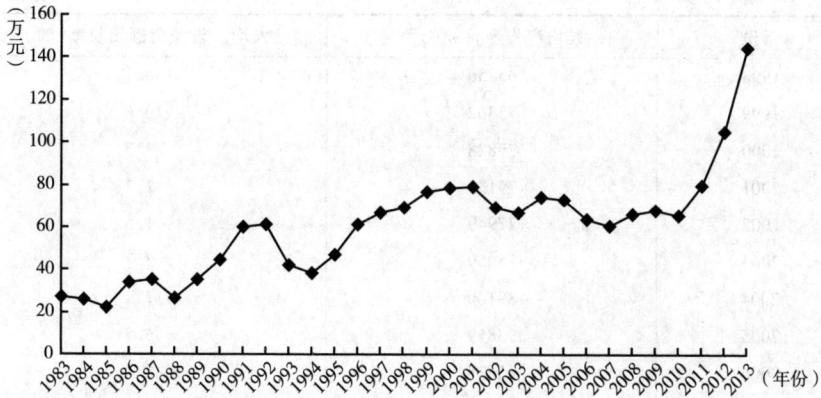

图 3 - 5 中国广告产业专业广告公司历年户均广告经营额变化走势

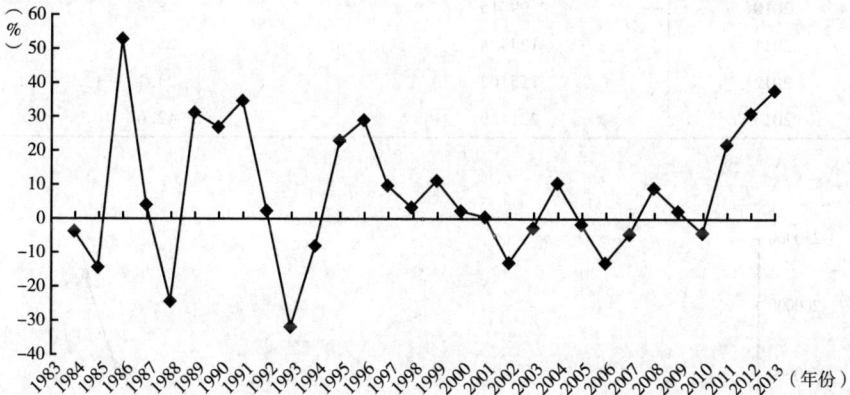

图 3 - 6 中国广告产业专业广告公司历年户均广告经营额增长率变化走势

表 3 - 4 中国广告产业专业广告公司从业人员历年人均广告经营额统计

年份	人均广告经营额(元)	人均广告经营额增长率(%)
1990	18119	
1991	23342	28.8
1992	33122	41.9
1993	32248	- 2.6
1994	32122	- 0.4
1995	39591	23.3
1996	54312	37.2
1997	60842	12

续表

年份	人均广告经营额(元)	人均广告经营额增长率(%)
1998	65756	8.1
1999	75362	14.6
2000	77828	3.3
2001	79131	1.7
2002	77949	-1.5
2003	75059	-3.7
2004	88100	17.4
2005	93819	6.5
2006	85628	-8.7
2007	90367	5.5
2008	90877	0.5
2009	91549	0.7
2010	99415	8.6
2011	124934	25.7
2012	155102	24.1
2013	221129	42.6

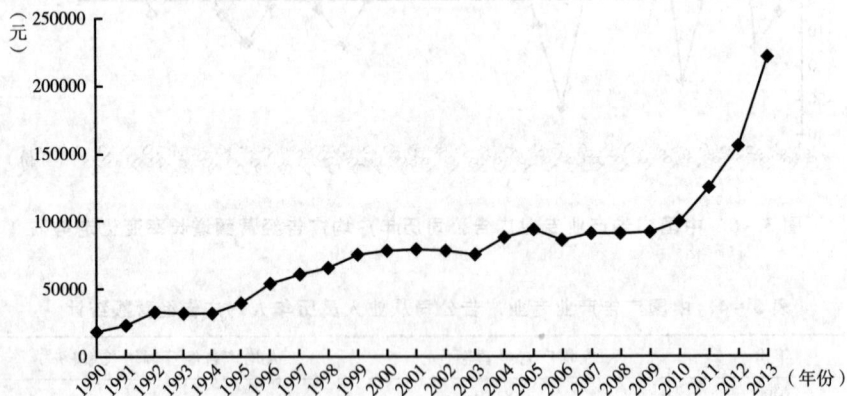

图 3-7 中国广告产业专业广告公司从业人员历年人均广告经营额变化走势

表 3-4 和图 3-7 反映出专业广告公司劳动生产率长期缓慢增长，2010年之后快速攀升。图 3-8 反映出劳动生产率的变化在 1995~2009 年持续递减，2010 年后呈现持续高速增长趋势。这些都反映出在动议建设国家广告产业园之前的专业广告公司长期缺乏增长动力。

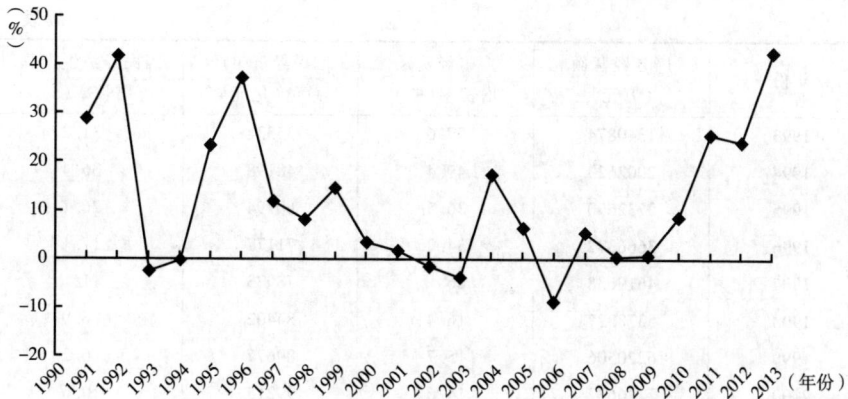

图 3-8　中国广告产业专业广告公司从业人员历年人均广告经营额增长率变化走势

3.1.5　中国广告产业经营额与 GDP 关联特点分析

广告产业既是文化产业的重要构成，也是商业服务业的重要组成部分，其经济贡献总体上体现在对于国民经济发展的拉动作用上。所以，欲分析中国广告产业的经济效益，还有必要对中国广告产业与国民经济长期运行过程中的关联变化做出描述。

有关数据及其走势，见表 3-5 和图 3-9。

表 3-5　中国广告产业经营额与 GDP 历年数据统计

年份	广告经营额（万元）	广告经营额增长率(%)	国民经济生产总值（亿元）	国民经济生产总值增长率(%)
1981	11800		4898	
1982	15000	27	5333	8.9
1983	23407	56	5976	12.1
1984	36528	56	7226	20.9
1985	60523	65.7	9016	24.8
1986	84478	39.6	10275	14
1987	111200	31.6	12059	17.4
1988	149294	34.1	15043	24.7
1989	199900	33.9	16992	13
1990	250173	25.2	18668	9.9
1991	350893	40.1	21782	16.7
1992	678675	93.4	26924	23.6

年份	广告经营额（万元）	广告经营额增长率(%)	国民经济生产总值(亿元)	国民经济生产总值增长率(%)
1993	1340874	97.6	35334	31.2
1994	2002623	49.4	48198	36.4
1995	2732690	36.5	60794	26.1
1996	3666372	34.2	71177	17.1
1997	4619638	26	78973	11
1998	5378327	16.4	84402	6.9
1999	6220506	15.7	89677	6.2
2000	7126632	14.6	99215	10.6
2001	7948876	11.5	109655	10.5
2002	9031464	13.6	120333	9.7
2003	10786846	19.4	135823	12.9
2004	12645601	17.2	159878	17.7
2005	14163487	12	184937	15.7
2006	15730018	10.1	216314	17
2007	17409626	10.7	265810	22.9
2008	18895614	8.5	314045	18.1
2009	20410322	8	340903	8.6
2010	23405076	14.7	401202	17.7
2011	31255529	33.5	471564	17.5
2012	46982721	28	534123	13.3
2013	50197500	6.8	588019	10.1
2014	56070000	11	636463	8.2

从表 3 - 5 和图 3 - 9 可以发现，广告经营额与 GDP 的增减曲线在 1981～2002 年出现相同的变化轨迹，是正相关关系。但在 2003～2014 年，却是复杂的负相关关系，这期间 GDP 的增速处于稳定状态，广告经营额的增速反而是持续递减之后短暂飙升而又急剧下滑。这其中的原因可能是自 2011 年实行广告战略之后带动的即时突进，不过很快就急剧下降。这也许显示出政府行政推力和扶持政策的作用，或者是不具备市场内在驱动力的显现。如是，就说明建立广告产业内在驱动发展机制的重要性和紧迫性。

3.1.6 中国广告产业经营额与社会消费品零售总额关联特点分析

广告产业的最终作用是拉动经济增长，但其直接作用却是促进商品流

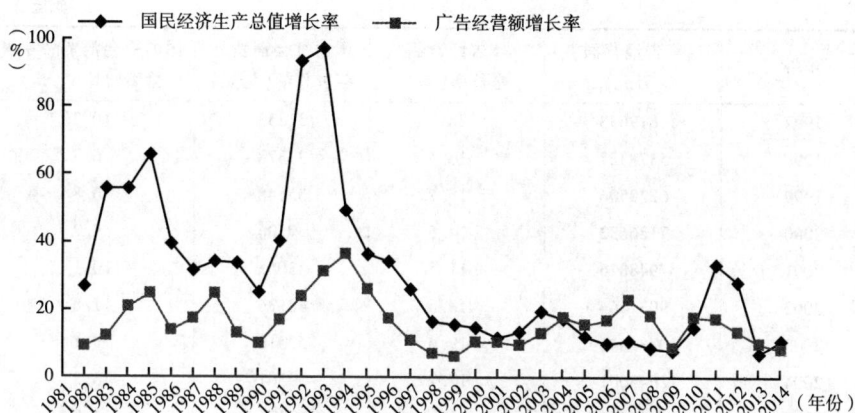

图 3 - 9　中国广告产业经营额与 GDP 历年增长率关联变化走势

通。因而，对于广告产业经营额与社会消费品流通总额的关联状况进行分析，也有助于洞察中国广告产业的经济效益及其变化。

有关数据及其走势，见表 3 - 6 和图 3 - 10。

表 3 - 6　中国广告产业经营额与社会消费品零售总额历年数据统计

年份	广告经营额 （万元）	广告经营额 增长率（％）	国内社会消费品 零售总额（亿元）	国内社会消费品零售 总额增长率（％）
1981	11800		2350	
1982	15000	27	2570	9.4
1983	23407	56	2849	10.9
1984	36528	56	3376	18.5
1985	60523	65.7	4305	27.5
1986	84478	39.6	4950	15
1987	111200	31.6	5820	17.6
1988	149294	34.1	7440	27.8
1989	199900	33.9	8101	8.9
1990	250173	25.2	8300	2.5
1991	350893	40.1	8416	13.4
1992	678675	93.4	10994	16.8
1993	1340874	97.6	14270	29.8
1994	2002623	49.4	18623	30.5
1995	2732690	36.5	23614	26.8
1996	3666372	34.2	28360	20.1

年份	广告经营额（万元）	广告经营额增长率(%)	国内社会消费品零售总额(亿元)	国内社会消费品零售总额增长率(%)
1997	4619638	26	31253	10.2
1998	5378327	16.4	33378	6.8
1999	6220506	15.7	35648	6.8
2000	7126632	14.6	39106	9.7
2001	7948876	11.5	43055	10.1
2002	9031464	13.6	48136	11.8
2003	10786846	19.4	52516	9.1
2004	12645601	17.2	59501	13.3
2005	14163487	12	67177	14.9
2006	15730018	10.1	76410	15.8
2007	17409626	10.7	89210	16.8
2008	18995614	8.5	114830	28.7
2009	20410322	8	132678	15.5
2010	23405076	14.7	156998	18.3
2011	31255529	33.5	183919	17.1
2012	46982791	28	210307	14.3
2013	50197500	6.8	242843	15.5
2014	56070000	11	262394	8.1

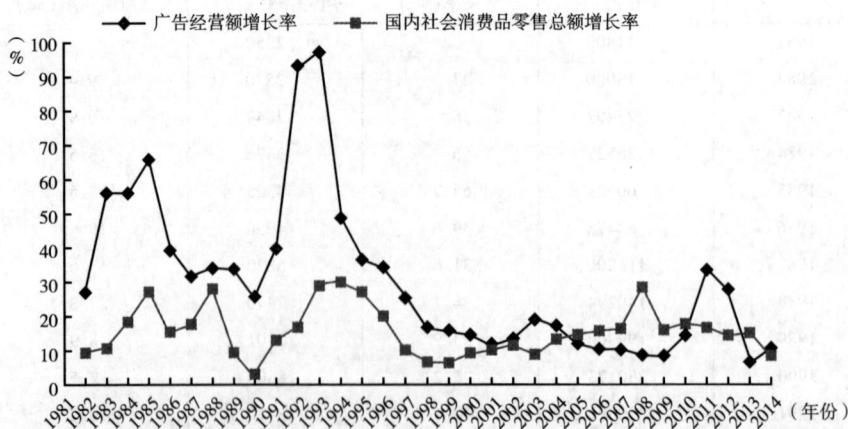

图 3 - 10 中国广告产业经营额与社会消费品零售总额增长率历年关联变化走势

从表 3 - 6 和图 3 - 10 可以看出，广告产业经营额与社会消费品零售总额的增长率变化曲线与广告产业经营额与 GDP 增长率的变化曲线高度一致，都是前半段呈现正相关，后半段呈现复杂的负相关。差别在于，广告产业经营额与社会消费品零售总额的增长率变化的负相关特点比广告产业经营额与GDP增长率的负相关早了几年，一增一减的背离状态更加明显。

广告经营额与GDP、社会消费品零售总额的关系是判断广告产业对于经济发展拉动作用的主要指标，从图3-9和图3-10综合分析，20世纪基本上是正相关关系，进入21世纪之后情况就变得极为复杂了。

在新常态下，GDP增速趋缓既是长期高速增长之后的自然特征，也是绿色GDP观念下通过调整经济发展方式实现集约化发展的选择。广告产业在这个经济发展转型升级中，也必然要做出调整，以自身的集约化发展来服务于国民经济的集约化转型。

3.1.7 中国广告产业经济效益总体特点分析

综合上述六个方面的分析，可以发现广告产业经营单位户均与人均广告经营额的绝对值与增长率历年变化的走势，中国广告产业的整体经济效益在进入21世纪之后处于长期徘徊和忽高忽低的不稳定态势，增长乏力的特点凸显。

就专业广告公司户均与人均广告经营额的绝对值与增长率历年变化的走势来看，自1995年至2010年长期处于平台期，但自2011年开始攀升，同样呈现出长期的增长乏力特点。

在广告产业与GDP和社会消费品零售总额的增长率关联变化方面，历年的数据变化都反映出20世纪呈现正相关，21世纪呈现复杂的负相关特点。

总而言之，中国广告产业的经济效益长期增长乏力，后续可持续性增长动力不足，粗放型经济增长模式的后遗症显现。

3.2 中国广告产业结构分析

产业集约化不仅是指产业成员的集中生产，更是形成以规模化企业为主体的大中小企业协作共生的合理的产业结构，由此产业间、产业内企业之间才能形成相互关联、相关协作的集约型、高效率生产网络，从而获得产业资源的集中优化配置效率，提高整个产业的经济效益和贡献度。由此，欲了解中国广告产业的长期增长方式是粗放型或者是集约型，就必须对中国广告产业的产业结构特点做出分析。

　　就广告产业而言，情况较为复杂，这是因为广告产业包括了广告媒体和专业化的广告公司，广告产业结构指的就不仅是专业广告公司在广告产业整体中的地位，还指专业广告公司之中规模化企业的产业集中状况。所以，下文将从中国专业广告公司在广告产业总体上的地位和广告产业的产业集中度两个指标，来分析中国广告产业长期以来的产业结构及其变化态势。

3.2.1　中国专业广告公司在广告产业总体中的地位分析

　　有关数据见表 3 - 7、表 3 - 8、图 3 - 11、图 3 - 12 和图 3 - 13。

表 3 - 7　中国专业广告公司与广告经营单位总体有关数据统计

年份	广告经营总额（万元）	广告经营单位数总数（户）	广告从业人员总数（人）	专业广告公司广告经营额（万元）	专业广告公司数量（户）	专业广告公司广告从业人员数量（人）
1990	250173	11123	131970	47908	1076	26440
1991	350893	11769	134506	68264	1156	29073
1992	678675	16683	185428	186404	3037	56278
1993	1340874	31770	311967	461746	11044	143184
1994	2002623	43046	410094	706013	18375	219791
1995	2732690	48082	477371	1071245	22691	270508
1996	3666372	52871	512087	1567858	25726	285675
1997	4619638	57024	545788	1941413	29010	319092
1998	5378327	61730	578876	2301138	33290	349953
1999	6220506	64882	587474	2778129	36162	368638
2000	7126632	70747	641116	3177333	40497	408250
2001	7948876	78339	709076	3709758	46935	468813
2002	9031464	89552	756414	3956527	57434	507577
2003	10786846	101786	871366	4448378	66353	592647
2004	12645601	113508	913832	5652956	76210	641654
2005	14163487	125394	940415	6153837	84272	655925
2006	15730018	143129	1040099	6313245	99368	737285
2007	17409626	172615	1112528	6884977	113222	761887
2008	18995614	185765	1266393	7783289	117274	856464
2009	20410322	204982	1333087	8494297	124886	927836
2010	23405076	243445	1480525	9403495	143795	945886
2011	31255529	296507	1673444	13576098	170215	1086659
2012	46982791	377778	2177840	21447197	204757	1382776
2013	50197500	445365	2622053	29979853	207575	1355766

表 3 - 8 中国专业广告公司占广告经营单位总体比重等有关数据统计

年份	专业广告公司经营额占广告经营总额比重（%）	专业广告公司广告户数占广告经营单位总户数比重（%）	专业广告公司广告从业人员占广告从业人员总数比重（%）	专业广告公司户均广告经营额（万元）	专业广告公司人均广告经营额（元）
1990	19.1	9.7	20	44.5	18119
1991	19.5	9.8	21.6	59.9	23342
1992	27.5	18.2	30.4	61.4	33122
1993	34.4	34.8	45.9	41.8	32248
1994	35.3	42.7	53.6	38.4	32122
1995	39.2	47.2	56.7	47.2	39591
1996	42.8	48.7	55.8	60.5	54312
1997	42	50.9	58.5	66.9	60842
1998	42.5	53.9	60.5	69.1	65756
1999	44.7	55.7	62.7	76.8	75362
2000	44.6	57.2	63.7	78.5	77828
2001	46.7	59.9	66.1	79	79131
2002	43.8	64.1	67.1	68.9	77949
2003	41.2	65.2	68	67	75059
2004	44.7	67.1	70.2	74.2	88100
2005	43.4	67.2	69.7	73	93819
2006	40.1	69.4	70.9	63.5	85628
2007	39.5	65.6	68.5	60.8	90367
2008	41	63.1	67.6	66.3	90877
2009	41.6	60.9	69.6	68.0	91549
2010	40.2	59.1	63.9	65.3	99415
2011	43.4	57.4	64.9	79.7	124934
2012	45.6	54.2	63.5	104.7	155102
2013	59.7	46.6	51.7	144.4	221129

从表 3 - 7、表 3 - 8 和图 3 - 11 可知，专业广告公司户数占广告经营单位总户数的比重在近 10 年之前一直增长，2006 年最高占到近 70%，凸显了在广告产业中的主体地位，但此后却出现持续下滑。

表 3 - 7、表 3 - 8 和图 3 - 12 则显示出，专业广告公司从业人员占广告从业人员总数的比重自 20 世纪末达到 60% 之后，长期缓慢增长，但自 2006 年之后出现波动，在 2009 年后持续下滑。

从表 3 - 7、表 3 - 8 和图 3 - 13 可以看到，专业广告公司经营额占广告

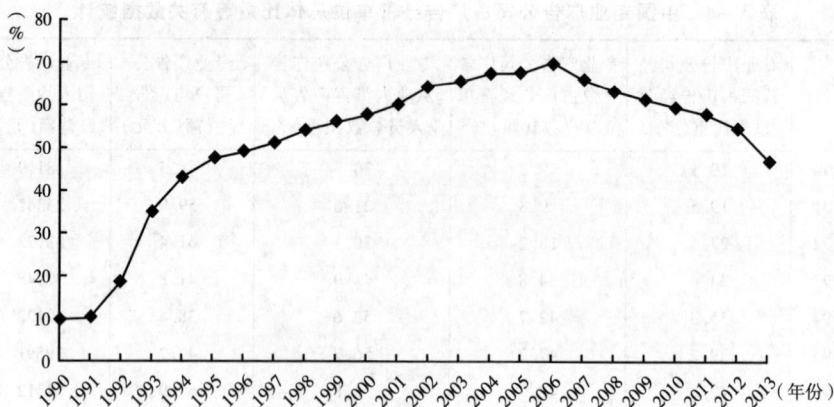

图 3 – 11   专业广告公司户数占广告经营单位总户数比重历年变化走势

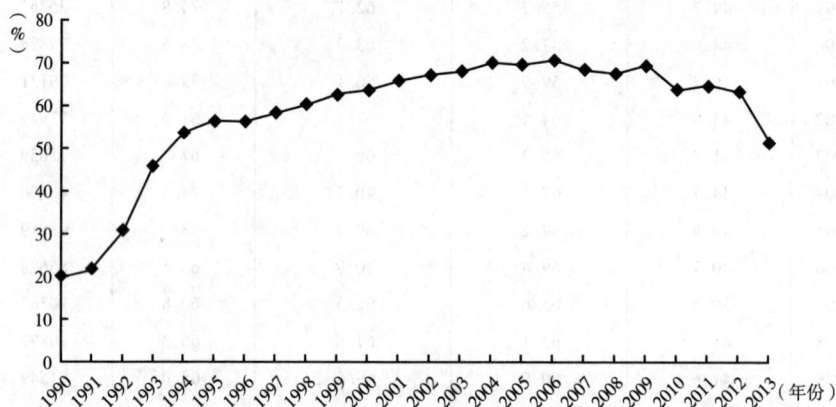

图 3 – 12   专业广告公司从业人员占广告从业人员总数比重历年变化走势

产业经营总额的比重，在 20 世纪 90 年代中期达到 40% 的比重后，一直到 2012 年都是在波动中演进，长期增长乏力。

从表 3 – 7、表 3 – 8 和图 3 – 11、图 3 – 12、图 3 – 13 综合来看，自 20 世纪 90 年代中期，专业广告公司户数和从业人员数量占全国广告经营单位户数和从业人员数量的 50% 以上，最高达到 70% 的比重，但广告经营额占全国广告经营总额的比重一直没有突破 50% 的比例，并出现长期稳步不前的趋势。由此说明中国广告产业的产业结构仍然不合理，亦即专业广告公司在广告产业中的主体地位尚未确立，提高专业广告公司在广告产业总体中的地位仍然是广告产业结构调整的重要议题。

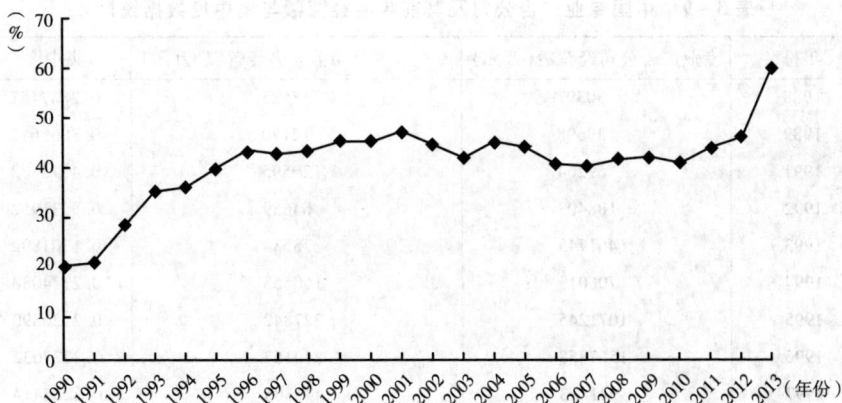

图 3 - 13　专业广告公司经营额占广告产业经营总额比重历年变化走势

3.2.2　中国专业广告公司经营额前 8 名集中度特点分析

产业集中度是考察产业结构是否合理，是否能够实现良好的产业经济效益的重要指标，一般计算的是一个产业前 4 名（CR4）或前 8 名（CR8）的企业资产、经营额或从业人员等合计值占产业总体的比例。鉴于中国广告产业专业广告公司的庞大数量，这里计算的是中国专业广告公司经营额前 8 名的产业集中度。

有关数据及其变化走势，见图 3 - 14 和表 3 - 9。

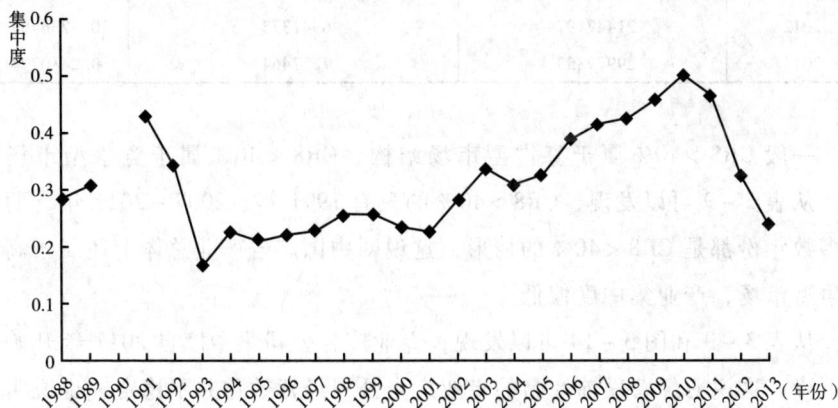

图 3 - 14　中国专业广告公司经营额前 8 名集中度变化走势

表 3 - 9　中国专业广告公司及其前 8 名经营额与集中度数据统计

年份	专业广告公司经营额(万元)	专业广告公司前 8 名经营额(万元)	集中度
1988	30397	8625	0.2837451
1989	39698	12170	0.3065646
1991	69264	29595	0.4272782
1992	188403	64659	0.3431952
1993	461745	78584	0.1701892
1994	706013	160553	0.2274080
1995	1071245	227842	0.2126890
1996	1567858	349167	0.2227032
1997	1941413	443305	0.2283414
1998	2301138	590617	0.2566630
1999	2778129	714358	0.2571364
2000	3177333	749517	0.2358950
2001	3709758	842452	0.2270908
2002	3956527	1115051	0.2818257
2003	4448378	1507735	0.3389404
2004	5652956	1745965	0.3088588
2005	6153837	1996130	0.3243716
2006	6313245	2466928	0.3907544
2007	6884977	2866162	0.4162922
2008	7783289	3314130	0.4258007
2009	8494297	3886818	0.4575797
2010	9403495	4717101	0.5016327
2011	13576098	6340449	0.4670303
2012	21447197	6941373	0.3236494
2013	29979853	7227464	0.2410774

一般 CR8 > 40% 属于寡占型市场结构，CR8 < 40% 属于竞争型市场结构。从表 3 - 9 可以发现，CR8 > 40% 的只有 1991 年、2007～2011 年，而绝大多数年份都是 CR8 < 40% 的情形，这说明中国广告产业总体上还属于高度竞争型市场，产业集中度偏低。

从表 3 - 9 和图 3 - 14 可以发现，专业广告公司集中度自 2011 年开始急剧下降。这说明经营额前 8 名的专业广告公司经营效益并不稳定，也说明了其经营管理水平的不成熟。

综合 3.2.1 和 3.2.2 的分析可以看到，中国广告产业呈现强媒介弱广告公司、广告公司规模小、集中度低的问题。不仅广告产业内部结构不合理，广告公司的产业主体地位不明显，而且广告公司市场还处于高度分散型的竞争性结构，并由此导致高度弱小的产业规模和产业绩效。这皆源于粗放型经营的结果。

3.3　中国广告产业长期粗放型增长及其后果

3.3.1　关于中国广告产业长期粗放型增长特征的认识

上述关于中国广告产业长期粗放型增长的实证分析，也有力地支持了许多专家学者对此的研究。

早在 1995 年罗志上先生就提出广告产业由粗放型向集约型的转换问题[①]；1997 年，陈鹭流先生提出广告公司应"以专业化经营为突破，向集约化经营转变"[②]。

2007 年，廖秉宜先生谈到虽然中国广告业一直高速增长，但走的一直是外延式、粗放式增长的道路[③]。

杨培青先生 2008 年谈到我国广告业存在的问题时，认为存在广告经营单位数量多、平均规模小、缺乏强大综合实力的集团公司、广告（代理）公司骨干地位不突出等产业结构不合理问题，本土企业单打独拼，强强联合、结构调整的步伐太慢，亟待鼓励政策和机制创新，"目前广告业还属于粗放型的增长，尚未达到追求质量和效益的集约型发展水平"[④]。

3.3.2　中国广告产业长期粗放型增长的原因分析

为什么中国广告产业长期处于粗放型增长过程中？

廖秉宜先生认为"在市场发展初期是一种必需和必然"[⑤]。

陈刚先生则认为主要是在广告产业发展早期引入了欧美广告代理制，从

---

① 罗志上：《重庆广告业的发展机遇与前瞻性的应对》，《重庆商学院学报》1995 年第 3 期。
② 陈鹭流：《广告公司的集中化和专业化发展——广告公司面临的形势和发展思路》，《中国广告》1997 年第 1 期。
③ 廖秉宜：《解读 2007 中国广告业现状及变局》，《广告大观》（理论版）2007 年第 4 期。
④ 杨培青：《当前中国广告业存在的几点不足》，《经营者：广告导报》2008 年第 4 期。
⑤ 廖秉宜：《解读 2007 中国广告业现状及变局》，《广告大观》（理论版）2007 年第 4 期。

而造成广告公司低效益经营以及低专业水平恶性竞争，使广告公司始终处于弱势之中①。

张金海先生等认为与 1979 年以来导入美国"自由竞争背景下的独立产业发展模式"有关②。

从幼稚产业保护理论来看，在开放的市场环境中，后发国家幼稚产业的健康快速发展，如果没有政府之手的作用，仅仅依靠企业和产业的自然野蛮生长，其结果必然是粗放型的。而在中国广告产业发展方面，长期以来就是政府缺位之下的自然野蛮生长，所以，粗放型增长自有其内在的必然逻辑。

3.3.3 中国广告产业长期粗放型增长带来的后果

张金海先生等认为在我国广告产业获得高速发展的同时，也存在着长期的高度分散与高度弱小的事实③；还认为低集中度与泛专业化是中国广告产业的两大核心问题④。

陶喜红先生也认为"全产业广告市场集中度比较低"⑤。

陈刚先生撰文提出中国广告产业处于产业结构的焦虑状态⑥。

廖秉宜先生等也谈到中国广告产业存在着严重的结构失衡问题，表现在专业广告公司与媒体和企业间的失衡、本土与跨国广告公司间的失衡、广告公司客户代理与媒介代理间的失衡等方面⑦。

尹铁钢先生则认为在繁荣的背后，广告产业长期存在的结构性问题逐步突显，最明显的就是"结构失衡"，这种失衡主要表现在制度供给与产业发

---

① 陈刚：《结构性焦虑与转型期焦虑的交织——对当代广告公司现状的一种解读》，《广告大观》（综合版）2007 年第 6 期。
② 张金海、刘芳：《广告产业发展模式的创新和发展路径的选择》，《广告大观》（综合版）2008 年第 3 期。
③ 张金海、廖秉宜：《中国专业广告公司的生存现状与模式创新》，《中国广告》2006 年第 7 期。
④ 张金海、廖秉宜：《中国广告产业发展的危机及产业创新的对策》，《新闻与传播评论》（2008 年卷），武汉大学出版社，2009。
⑤ 陶喜红：《中国传媒产业广告市场集中度研究》，《新闻大学》2014 年第 1 期。
⑥ 陈刚：《结构性焦虑与转型期焦虑的交织——对当代广告公司现状的一种解读》，《广告大观》（综合版）2007 年第 6 期。
⑦ 廖秉宜、付丹：《中国广告市场的结构失衡问题及对策研究》，《湖北大学学报》（哲学社会科学版）2011 年第 3 期。

展要求之间的失衡等方面①。

孙海刚先生认为中国广告产业不仅市场集中度低，多数广告公司还达不到有效的规模水平②。

蒋艳洁女士也认为规模经济在广告产业中发挥的作用非常微弱，规模发展应该是中国广告企业的发展方向，也是中国广告产业健康发展的新出路③。

这些观点综合起来可以概括为长期粗放型增长带来了"产业结构失衡"、"泛专业化"、"规模不经济"等问题，从而造成广告服务水平和效率低下，缺乏国际竞争力和持续发展动力。而之所以长期处于粗放型增长过程中，实行自由竞争的欧美广告产业发展模式和政府的制度供给缺位是最为重要的原因。

3.4 小结

国家广告产业园建设是实现中国广告产业集约化发展的重大制度创新和制度安排，其建设的逻辑前提和依据是中国广告产业的长期粗放型增长。对此，虽然从 20 世纪 90 年代以来一直有专家学者提及和提醒，但都没有从集约化的视角予以实证分析和验证。本章则首先通过分析中国广告产业恢复发展以来的相关数据及其变化轨迹，从中国广告产业的经济效益和产业结构两个方面，验证了学者们的判断。

从 30 多年的历史数据及其发展走势来看，中国广告业恢复发展以来的持续高速增长，是在粗放型发展方式之下取得的，并在 21 世纪之后长期徘徊并呈现忽高忽低的不稳定态势，粗放型增长的后果开始显现，持续增长乏力。中国广告产业呈现出强媒介弱广告公司、广告公司规模小、集中度低等产业发展滞后问题。不仅广告产业内部结构不合理，广告公司的产业主体地位不明显，而且广告市场还处于高度分散的竞争性结构，并由此导致高度弱小的产业规模和产业绩效。

---

① 尹铁钢：《失衡——中国广告产业的结构性问题分析》，《广告大观》（理论版）2013 年第
12 期。
② 孙海刚：《我国广告业的产业组织分析》，《商业时代》2006 年第 25 期。
③ 蒋艳洁：《广告业的产业组织分析》，《经济研究导刊》2014 年第 1 期。

第四章

国家广告产业园建设：广告产业
集约化转型新的制度安排

改革开放以来，中国广告产业尽管一直保持持续增长，但还存在着很多的问题，其中一个关键的问题就是"如何根据中国的国情，找到中国广告业自己的发展模式和发展道路"①。而解决粗放型增长的根本出路就是集约化发展。所以，中国广告产业的持续健康发展就必须走集约化之路。问题是集约化的呼声已近 20 年，中国广告产业仍然在粗放型的道路上踯躅。这就说明中国广告产业的集约化发展仅仅依赖于广告产业自身的市场机制来取得，历史和实践都证明是不可靠的，中国广告产业的集约化发展必须走政府助推的集约化发展之路。

产业园作为区域产业聚集发展的成功的空间形式和组织形式，早已被意大利、美国、日本、英国等经济发达国家的产业发展实践所证明，在 20 世纪 80 年代业已引入国内，并在高新技术、制造业、现代农业等产业领域遍地开花。但为这些产业的产品营销和品牌化长期挥洒着策划与创意智慧的广告产业，却长期与产业园区建设毫无关联。是因为中国广告产业已经走向了世界前列吗？显然不是的。那么为什么我们没有采用产业园区的形式来快速发展我们的广告产业呢？国家广告产业园建设又为什么会在 2011 年 10 月横空出世呢？

---

① 邵华泽：《亚洲广告业的创新与广告教育论坛致辞》，《广告大观》（理论版）2006 年第 3 期。

制度因素是影响产业集约化发展的重要因素，而制度创新和有效的制度供给则是促进产业集约化发展的基本路径之一。没有广告产业制度的创新和有效供给，中国广告产业的集约化发展仍然会长期处于粗放型增长以及对这种增长方式的清醒认识和呼吁中。国家广告产业园建设的出台和实施，正是国家广告行业主管部门在深刻洞察中国广告产业长期粗放型增长的清醒认识下，基于产业发展制度的创新，为实现中国广告产业专业化、集约化、规模化和国际化发展目标所做出的重大的制度安排。

4.1　中国广告产业集约化发展的路径

实际上，自 20 世纪 90 年代人们发现中国广告产业粗放型增长的发展方式之后，一直在不断地探讨着向集约型转变的具体路径，总结起来主要有以下几种。

4.1.1　广告企业层面的集约化经营管理路径

这是中国广告产业集约化发展的基础。学者们提出的具体路径主要有提高广告公司及其从业人员的资质和服务水平[1]；通过兼并、联合、资本运作等手段形成广告公司集团，提高广告企业规模[2][3]，使广告公司达到"大而强"[4]；广告公司走经营的专门化或"小而特"之路[5]；广告公司向整合营销传播集团转型[6][7]等。

概括起来，就是提升广告专业服务水平，走专门化和集团化的发展道路。

---

[1]　罗志上：《广告企业资质量化及前瞻分析》，《中国工商管理研究》1998 年第 7 期。
[2]　廖秉宜：《中国广告产业集约化发展的路径分析》，《广告大观》（理论版）2012 年第 6 期。
[3]　张金海、黎明：《国家经济发展战略与中国广告产业发展》，《广告大观》（理论版）2011 年第 6 期。
[4]　杨培青：《我与广告业》，《中国广告》2001 年第 4 期。
[5]　杨培青：《我与广告业》，《中国广告》2001 年第 4 期。
[6]　张金海、廖秉宜：《中国广告产业发展的危机及产业创新的对策》，《新闻与传播评论》（2008 年卷），武汉大学出版社，2009。
[7]　张金海、黎明：《国家经济发展战略与中国广告产业发展》，《广告大观》（理论版）2011 年第 6 期。

4.1.2 广告产业层面的集约化发展路径

广告产业方面的集约化发展路径，专家们提出的观点主要有建设区域性广告业中心①；建设区域性广告中介服务平台②③④；"将广告产业的发展纳入国家经济发展战略的整体框架"⑤；"选择在国家政策与行业标准双重维护下，依托企业、依托媒体的产业发展模式，走媒体、企业和广告业共生型发展之路"⑥；建设广告产业园；培育广告产业集群等。

对于广告产业层面的集约化发展路径的探讨，上述诸多专家提出的各种观点可以概括为：广告产业应上升到国家战略的层面并予以政策扶持、实行区域广告产业集中发展（区域广告业中心、产业园、产业集群）等。

上述观点都有一定的理论依据和实践依据，其提出和呼吁自20世纪90年代一直持续至今，为什么中国广告产业还是长期处于粗放型增长中呢？关键是这些路径在中国现有的广告产业发展体制环境中不可能由广告产业自身来产生，如果没有政府广告行业主管部门的产业制度创新，就难以发挥作用。

4.2 国家广告产业园：政府主导发展模式下广告产业集约化发展的适宜路径

基于中国广告产业的现状和历史教训，在现实的市场环境中，什么样的集约化发展路径才是适宜的？在各种资源稀缺的制约下，我们不可能实施上述所有的集约化发展路径，而必须选择能够解决中国广告产业粗放型增长方式及其后果的关键抓手。

造成中国广告产业长期粗放型增长的诸多原因中，中国作为后发国家在开放的广告市场上照搬欧美"自由竞争背景下的独立产业发展模式"，任由

---

① 罗志上：《重庆广告业的发展机遇与前瞻性的应对》，《重庆商学院学报》1995年第3期。
② 明豪侠：《平台建设推动上海数字广告业快速发展》，《华东科技》2012年第4期。
③ 罗志上：《重庆广告业的发展机遇与前瞻性的应对》，《重庆商学院学报》1995年第3期。
④ 明豪侠：《平台建设推动上海数字广告业快速发展》，《华东科技》2012年第4期。
⑤ 张金海、黎明：《国家经济发展战略与中国广告产业发展》，《广告大观》（理论版）2011年第6期。
⑥ 张金海、黎明：《国家经济发展战略与中国广告产业发展》，《广告大观》（理论版）2011年第6期。

广告企业自生自灭，是最为重要的因素。因为这种产业发展模式，恰恰适应了以外资和民营为主体的中国广告公司作为市场主体的自主性特征。但客观存在的外资与民营广告公司之间在广告理念、管理水平、运作方式、经济实力等方面的巨大差异，就使民营广告公司生存艰难，更难以走向集约化之路。循着这种逻辑，要破解这些难题，自然应该强化政府的责任和作用，走政府介入扶持的发展道路。

但是对于作为市场主体的民营广告公司来说，政府之手又难以有更好的干预，在这种情况下，广告公司的规模化、集团化，进而集约化，就往往停留在政府总是在呼吁，企业总是在点头但总是不见有什么进展。而没有广告公司的规模化、集团化，广告产业的集约化就没有了基础。

那么，如何在政府介入干预的模式下，找到破解集约化发展难题的路径呢？

在学者们提出的诸多路径中，政府主导建设广告产业园，不仅可以破解集约化发展的难题，还可以把这些路径包括其中。

4.2.1　产业园建设是产业集约化转型发展的一般方式

建设产业园是我国高新技术、制造业等产业，实现由粗放型增长向集约型发展方式转变，加快产业转型升级的成功经验。这些经验对于广告产业通过建设产业园区实现集约化发展转型，具有重要的借鉴意义。

4.2.2　产业园有利于企业的快速成长

产业园作为企业聚集发展空间，本身就是产业集约化发展的空间集中平台和组织化、低成本经营形式。这种发展空间和经营形式，有利于广告企业的快速成长和规模化发展，而没有广告企业的快速成长和规模化，广告产业的集约化就是无本之木。

4.2.3　政府主导建设产业园符合中国国情

政府主导建设广告产业园，有利于发挥中国强政府弱社会的国家特点，集纳政府和社会资源，提供产业公共服务，缩短集约化发展过程。这也是所谓中国模式"集中力量办大事"的体现。

4.2.4　产业园具有示范带动作用

广告产业园能够聚集区域大量的广告公司、关联公司及支持结构，是一个区域广告产业的主体所在，也是一个集约化经营与发展的产业综合体，其集约化发展对于广告园区之外广告产业的集约化发展具有示范意义，从而带动区域广告产业的整体集约化发展。

综上所述，广告产业园在诸种广告产业集约化发展路径中，是最为适合中国国情的适宜的可操作性方法。如果启动政府主导的广告产业园建设，广告产业园就会以其对于广告产业集约化发展多方面的驱动力，而极大地推进中国广告产业集约化发展的进程，并最终实现中国广告产业整体上的专业化、集约化和国际化发展目标。

4.3 国家广告产业园建设的制度安排

4.3.1 产业制度对于产业发展的作用

制度与人力、技术、资本等，都是产业发展必不可少的因素和支撑。经济学者认为制度作为一种有效的资源配置手段，影响着产业的技术水平、发展环境，同时"也是产业发展的内生变量"①，从根本上决定了产业的基本发展路径和发展方向。

制度本身既有稳定性又有变动性，当原有制度下资源配置效率降低时，就需要新的制度来代替旧的制度，亦即制度变迁。

制度变迁可以分为正式制度变迁和非正式制度变迁、强制性制度变迁和诱致性制度变迁，还包括制度创新和制度引进（或移植）两种变迁方式。

正式制度变迁是国家法律及政策的更替过程；非正式制度变迁是意识形态、道德观念、风俗习惯等的转变过程。

诱致性制度变迁是自下而上，源于基层的需求而进行的自发性变迁过程；强制性制度变迁则源于自上而下的政府强制进行的变迁过程②。

所谓制度创新是在相关利益主体的倡议或推动下，旧有制度的被替代及其向新制度的转换③。制度引进则是引入其他国家或领域的成功的产业制

---

① 刘武军、李连生：《基于产业发展的制度创新路径探析》，《辽宁行政学院学报》2012 年第 7 期。
② 蒋冬青：《文化产业的制度变迁及其创新》，《重庆社会科学》2013 年第 3 期。
③ 刘武军、李连生：《基于产业发展的制度创新路径探析》，《辽宁行政学院学报》2012 年第 7 期。

度，"进行适应性制度嫁接"，"以实现制度生根"①。

还有学者提出了"供给主导型制度变迁"的概念，这种制度变迁类似于强制性制度变迁，指的是由政府来借助行政、经济和法律等手段，所进行的自上而下的制度创新②。

其他学者，如刘蕾女士认为"制度创新是产业创新的基本保证"，要实施产业创新首先要政府进行制度创新，引导创新资源的投入和释放创新的潜能，并构建有效的创新激励机制③。

产若森先生认为"在对称自由竞争市场结构中，在相同的适应性制度嫁接成本投入情形之下厂商的制度效率越高，厂商制度引进成功的机会越大，愿意参与制度引进竞赛的厂商自然亦越多"。④

著名经济学家张维迎在论及影响中国经济持续增长的关键因素时，认为不在于资源、技术等生产要素的供给，而在于制度环境⑤。这也说明了制度对于经济持续发展的重要性。

这些观点为中国广告产业的制度反思，通过制度创新和有效的制度供给实现广告产业由粗放型向集约型的转变，提供了很好的理论支撑。

4.3.2　中国广告产业发展中的制度反思

曾兰平女士认为高度市场化是中国原有广告产业制度安排的一个重要基点，这种制度安排，容易激励自由竞争，促进广告产业高速发展，但同时也"必将导致产业发展的市场失控，形成低水平竞争"⑥。邬盛根先生等也认为照搬欧美广告产业发展模式的原有广告产业制度，在实际的广告市场竞争中更多表现出来的是"不公平竞争和外部不经济"，这种结果又反过来强化了本土广告公司独立性的丧失以及高度分散化的状态，说明中国广告产业制度安排上存在着国家意志和利益的缺失⑦。这种制度安排无疑是导致中国广告

---

① 产若森：《市场结构、制度引进与制度生根》，《学术月刊》2013 年第 6 期。
② 吴玢：《国营企业集约化与体制改革分析》，《经营管理者》1997 年第 7 期。
③ 刘蕾：《试论我国产业创新基本模式与途径》，《现代经济信息》2012 年第 3 期。
④ 产若森：《市场结构、制度引进与制度生根》，《学术月刊》2013 年第 6 期。
⑤ 张维迎：《市场与政府》，西北大学出版社，2014，第 314 页。
⑥ 曾兰平：《高度市场化——我国广告产业制度安排的一个重要基点》，《青年记者》2007 年第 6 期。
⑦ 邬盛根、冯静：《中国广告产业制度变迁的逻辑与空间》，《广告大观》（理论版）2013 年第 3 期。

产业长期粗放型增长的重要因素。诚如张金海先生等所言"成为中国广告产业增长不稳定、一直徘徊于初级发展水平、产业主体高度分散、弱小的主要制度原因"①。

曾兰平女士还认为中国广告产业制度安排具有四大特征，一是在广告产业起步之初的制度移植是一种必然选择，二是行政主导凸显了政府的强制力量，三是内容锁定成为规避广告产业外部性的主要内容，四是试错与反思是广告产业重要的选择路径等②。

张金海先生等通过梳理中国广告产业的发展历程，认为现有的广告产业制度框架存在"产业保护与扶持政策缺失"、"激励性制度与约束性制度安排失衡"、"行政主导的市场管理体制"和"战略发展规划缺乏"等制度安排方面的缺陷，长期缺乏明确的激励性制度安排③。

这些对于中国广告产业制度的反思，对于反观中国广告产业长期粗放型增长的缘由，以及谋求有助于中国广告产业集约化发展的新的制度安排，具有重要的理论价值。实际上，也正是由于广告学者们对于这个问题的深刻反思和对于新的制度安排的持续呼吁，最终促动了国家广告行业主管部门的反思和新的行动。从这个意义上说，中国广告学人以自己的专业洞见推动了中国广告产业发展第二个春天的来临！

4.3.3 中国广告产业发展中的制度创新

既然原有的产业制度安排造就了中国广告产业的长期粗放型增长，那么，如何建构新的促进中国广告产业集约化发展的制度安排呢？

厉敏萍等认为政府在"文化产业发展中应着力扮演好战略的规划者、服务的提供者、环境的营造者、市场的监管者等四个方面的角色"④。作为文化产业重要组成部分的广告产业自然也应如此。庄严认为"日本文化产业制度创新注重整体上推进立法、战略规划、产业政策与执行措施"⑤。这

---

① 张金海、林翔：《中国广告产业发展现实情境的制度检视》，《广告大观》（理论版）2011年第4期。
② 曾兰平：《高度市场化——我国广告产业制度安排的一个重要基点》，《青年记者》2007年第6期。
③ 张金海、林翔：《中国广告产业发展现实情境的制度检视》，《广告大观》（理论版）2011年第4期。
④ 厉敏萍、衷小菊：《文化产业发展中的政府角色定位》，《生产力研究》2012年第9期。
⑤ 庄严：《日本文化产业制度安排及其创新》，《经济纵横》2013年第11期。

对于中国广告产业的制度创新具有重要的启发和借鉴意义。

孙美玲女士认为中国广告产业制度变迁是国家、市场、意识形态三种制度逻辑相互作用的结果①，应该从三种逻辑的交织中寻求新的制度安排。

张金海先生等提出了中国广告产业制度安排的五点建议，即"在市场主导的整体框架下，坚持由行政主导走向国家主导"；"在合理有效地行政监管的基础上，进一步走向行业自治"；"坚持以激励性制度为主导的制度安排取向"；"继续加强全民广告素养教育"；"继续加强制度的动态供给"②。

张金海先生等还针对广告产业集群化发展提出了"提供公共政策支持"、"充分发挥政府和行业协会的力量，对广告产业集群进行整体规划，不仅在基础设施建设、广告产业区规划、规范广告市场秩序等方面发挥作用，而且更应在财税、信贷、广告产业园区品牌形象塑造以及创新环境营造等方面发挥作用"③ 的观点。

邬盛根等在肯定国家主导型广告产业制度变迁逻辑的前提下，提出了"企业化"、"迂回化"、"多样化"的操作思路，认为国家级广告产业园区建设及产业集群能够很好地解决广告企业专业化与规模化的矛盾，进而实现广告企业的规模化发展。④

张金海先生还认为，国家广告行业主管部门应该由约束性制度安排向激励性制度安排转变，实现由重监管轻发展向发展与监管并重的产业管理体制转型，并通过国家广告产业园建设等，实现中国广告产业的集约化发展。

这些创新中国广告产业制度供给的探讨和所提出来的种种新的制度安排思路，将会对中国广告产业发展的制度创新和政府行动产生积极的影响。

4.3.4　国家广告产业园建设是促进中国广告产业集约化发展新的重大制度安排

与自然形成的产业集聚区和产业集群不同，产业园区本身就是政府产业

---

① 孙美玲：《1978～1995 年多重逻辑下中国广告产业的制度变迁》，《广告大观》（理论版）2014 年第 6 期。

② 张金海、林翔：《中国广告产业发展现实情境的制度检视》，《广告大观》（理论版）2011 年第 4 期。

③ 张金海、廖秉宜：《中国广告产业集群化发展的战略选择与制度审视》，《广告大观》（理论版）2009 年第 1 期。

④ 邬盛根、冯静：《中国广告产业制度变迁的逻辑与空间》，《广告大观》（理论版）2013 年第 3 期。

制度创新的结果，是为了加快区域产业发展而实施的重要的制度安排。

中国广告产业制度的创新是一个缓慢的过程，在经过国家、学者和行业主管部门的共同努力下，通过建设国家广告产业园进而促进中国广告产业集约化发展的重大制度安排应运而生。

4.3.4.1 国家、学者和行业部门三大力量促动下中国广告产业制度创新的探索

学者们多年以来对于中国广告产业原有制度安排的反思以及对于新的制度安排的探讨和呼吁，对国家和广告行业主管部门的产业制度创新产生了积极的促动作用。

2007 年，国务院发布《关于加快发展服务业的若干意见》（国发〔2007〕7 号），将广告产业明确列入服务业的范畴，要求"把加快发展服务业作为一项重大而长期的战略任务抓紧抓好"，"尽快使服务业成为国民经济的主导产业"①。

2009 年，国务院又通过了中国第一部文化产业专项规划《文化产业振兴规划》，授权新华社对外发布。规划又明确地将广告产业归入到了文化产业之中。

至此，广告产业不仅在国家层面获得了服务业和文化产业的双重身份认同，同时也被纳入到了现代服务业和文化产业发展的国家规划当中，上升到了国家的产业行动中。

2011 年，国家统计局颁布的《国民经济行业分类（GB/T 4754 - 2011)》，将广告产业纳入国民经济的统计范围。

同年，《产业结构调整指导目录》（2011 年本）发布，"广告创意、广告策划、广告设计、广告制作"被国家发展和改革委员会首次列入商业服务业中的鼓励类发展产业②，这是国家层面关于广告产业制度创新的重大举措。而这时由国家工商总局组织进行的《广告产业发展"十二五"规划》正在酝酿制定中，有学者提出了建设国家广告产业园的建议。

不久，财政部和商务部办公厅发布了《关于进一步加快推进现代服务业综合试点工作的通知》（财办建〔2011〕165 号），为国家广告产业园建

---

① 国务院：《国务院关于加快发展服务业的若干意见》（国发〔2007〕7 号），http://www.gov.cn/zwgk/2007 -03/27/content_ 562870. htm。
② 国家发展改革委：《产业结构调整指导目录》（2011 年本），http：//www.gov.cn/flfg/2011 - 04/26/content_ 1852729. htm。

设的正式出台创造了条件。

4.3.4.2　国家广告产业园建设的率先行动

2011 年 11 月，中国共产党第十七届中央委员会第六次全体会议通过了《中共中央关于深化文化体制改革推动社会主义文化大发展大繁荣若干重大问题的决定》①，对于广告产业发展产生了极大的推动作用。

为贯彻中共十七届六中全会精神，国家工商总局在还没有形成规范的新的广告产业发展制度安排文本的情况下，联手财政部使用现代服务业试点扶持资金，启动了国家财政支持广告业发展试点——国家广告产业园试点建设。首批 9 家（上海中广国际广告创意产业基地、北京广告产业示范园、南京广告产业园、常州广告产业园、山东潍坊广告创意产业园、青岛广告文化产业园、湖南长沙广告创意产业园、广东现代广告创意中心、陕西广告产业园）国家广告产业园试点园区抢先启动。

4.3.4.3　《关于推进广告战略实施的意见》首次提出建设国家广告产业园

2012 年 3 月 26 日，国家工商总局颁布了《国家广告产业园区认定和管理暂行办法》，对国家广告产业园的认定和管理做出了具体安排。

2012 年 4 月，国家工商行政管理总局《关于推进广告战略实施的意见》发布，将"促进广告业科学发展"列入 12 项重点任务之一，广告产业发展成为国家战略。在促进广告业科学发展的三大举措中，首次明确了"加大广告产业园区建设力度，认定一批国家级广告产业园区。坚持政府主导与市场运作相结合，鼓励广告及其关联企业在园区内集聚发展，延伸广告产业链，培育广告产业集群，提高广告业的组织化与规模化程度"②。这是承担指导广告产业发展职责的国家工商总局，首次在正式的文件中明确提出建设国家广告产业园，将其作为促进广告业科学发展的三大制度安排之一。

4.3.4.4　国家广告产业园建设正式列入《广告产业发展"十二五"规划》

2012 年 5 月，国家工商总局颁布了《广告产业发展"十二五"规划》，

---

① 《中共中央关于深化文化体制改革推动社会主义文化大发展大繁荣若干重大问题的决定》，http://www.gov.cn/jrzg/2011 - 10/25/content_ 1978202. htm。

② 《国家工商行政管理总局关于推进广告战略实施的意见》，http：//www.gov.cn/zwgk/2012 - 04/24/content_ 2121658. htm。

这是中国历史上第一个广告产业发展的国家专项规划，提出了"提高广告业的专业化、集约化、国际化水平"的总体目标，要求实现"由粗放型向集约型、由布局相对分散向合理集聚"，"建成若干个具有国际先进水平的广告研发创意基地，建立服务行业发展的公共服务平台"，重点任务之一就是培育广告产业集群和推进国家广告产业园建设。

关于推进国家广告产业园建设，该规划提出了"在广告业发展基础比较好的地方加快建设广告产业园区，认定一批国家广告产业园区。支持地方政府出台相应扶持鼓励政策，搭建公共服务平台，引导广告企业和项目进驻，将园区打造成为广告创意设计研发，广告产品、广告要素交流中心，充分发挥广告产业园区的示范引领作用。到 2015 年，建成 15 个以上国家广告产业园区"的发展目标①。这是国家广告产业发展指导部门首次以规划的形式，将国家广告产业园建设作为广告产业发展新的制度安排明确化。

2012 年 7 月，财政部办公厅、工商总局办公厅联合印发了《关于开展2012 年现代服务业试点支持广告业发展有关问题的通知》，要求有关省市财政厅（局）、工商局选择部分基础较好、具有特色的广告业聚集园区开展试点工作，在坚持市场化运作前提下，加强政府引导，集成政策、集中资金、重点支持，推动广告企业聚集发展，做大做强，并探索符合我国特点的广告业发展模式。至此，建设国家广告产业园的工作全面铺开。

4.4　小结

对于造成中国广告产业长期粗放型增长的原因，学者们给出了许多解释。其中，主要是所处发展阶段的客观性和广告产业发展模式选择的失误所致。这实际上涉及中国广告产业的制度安排问题。如果这个问题不解决，中国广告产业长期的粗放型增长还会继续画自己的延长线。所以，改变单纯的监管模式或重监管轻发展的旧的管理制度，变为发展与监管并重的新的管理制度，在政府主导之下寻找和谋划破解粗放型增长向集约型发展转型的有效路径，就是中国广告产业当下必须面对的重大战略问题。

---

① 《关于印发〈广告产业发展"十二五"规划〉的通知》，http://www.saic.gov.cn/fwfz/ggzn/201306/t20130620_ 135865.html。

　　幸运的是，在专家学者的推动下，国家广告行业主管部门终于开始实施国家广告发展战略，推进广告产业健康快速发展成为国家意志和国家行动。为此，国家工商总局连续出台了一系列的新的制度安排，并选择通过建设国家广告产业园这个重大举措，来承担中国广告产业集约化发展的重任，引领和带动中国广告产业专业化、集约化、国际化发展总目标的最终实现。所以，才有专家兴奋地宣告：中国广告产业的第二个春天到来了。

第五章

国家广告产业园集约化发展的
进展与问题：基于规模·
结构·效率框架的实证分析

中国广告产业的集约化发展转型冀望于国家广告产业园建设，而国家广告产业园能否集约化发展就成为中国广告产业能否整体集约化转型的关键所在。换言之，国家广告产业园建设不仅是中国广告产业集约化转型的主体路径，其自身也必须率先实现集约化，由此才能发挥其应有的主体性、示范性和引领性作用。

国家广告产业园建设已走过三年多的历程，整体上进入了开园经营的正式运营阶段。那么，目前的集约化发展水平究竟如何呢？这是我们寻求集约化发展的针对性和有效性路径的认识基础。根据产业集约化理论，考察产业园区集约化发展水平有三个基本维度，即产业规模、产业结构和产业效率。据此，本章将从规模、结构和效率等三个方面通过实证分析，弄清楚国家广告产业园集约化发展取得的进展与存在的问题，从而为国家广告产业集约化发展战略与路径的选择提供依据。

鉴于政府有关部门、各个园区和入园企业商业机密保密的要求，下文的分析中涉及提供数据资料的14家园区时，均以英文字母代替各园区。英文字母的排列顺序是以接收到各个园区调查问卷回复的先后顺序，与各个园区的首写字母没有对应关系。

年度数据为2014年度数据，总计数据为2011~2014年底的数据。

5.1　国家广告产业园集约化发展的规模分析

规模是考察国家广告产业园集约化发展水平的第一个重要维度，包括了资产规模、产值规模、企业数量规模、从业人员数量规模和规模以上企业数量等五个指标。

5.1.1　国家广告产业园集约化发展的规模数据

表 5 – 1　国家广告产业园各园区规模数据统计

名称		A	B	C	D	E	F	G	H	I	J	K	L	M	N
资产总值（亿元）		4.8	3.09	6.8	2.1	0.7	25.1	7.75	7.5	5.1	0.85	2.7	8.86	3.3	78.5
年产值（亿元）		6.4	26	13.2	0.4	50.3	12.2	2	33.9	23	4.3	15	6.8	150	27
企业数量（户）	总数量	350	189	84	231	338	391	39	307	240	385	65	136	1100	562
	规模以上企业数量 *	2	3	4	11	0	18	0	5	32	6	15	20	134	10
从业人员数量（人）		2000	4200	2800	5288	10000	5072	700	7800	5000	0	1270	2500	0	9500

注：＊2011 年 3 月 8 日，经国务院批准，国家统计调查从 2011 年 1 月起，纳入规模以上工业统计范围的工业企业起点标准从年主营业务收入 500 万元提高到 2000 万元。但广告业普遍偏小，不易采用此标准。中国广告协会推行的广告企业资质评审，一级资质标准是年产值 800 万元以上，拟可等同于规模以上企业。

资料来源：《中国广告企业资质认定暂行办法》（中国广告协会 2003 年 3 月 13 日颁布）

5.1.2　国家广告产业园集约化发展的规模特点

5.1.2.1　各园区资产规模的特点分析

从图 5 – 1 可知，各个园区之间的资产总值差异巨大，最多的达到近 80 亿元，最低的不到 1 亿元，均值 11.23 亿元；在均值以上的园区仅有 2 家，占样本数的 14.29%。这说明国家广告产业园绝大多数园区的资产规模偏小。

5.1.2.2　各园区产值规模的特点分析

从图 5 – 2 可以发现，各个园区之间的年产值差异同样巨大，最多达到 150 亿元，最低不到 1 亿元，均值 26.46 亿元；在均值以上的园区仅有 4 家，占样本数的 28.57%。这说明国家广告产业园超过 2/3 的园区产值规模达不到均值，大部分园区产值规模偏小。

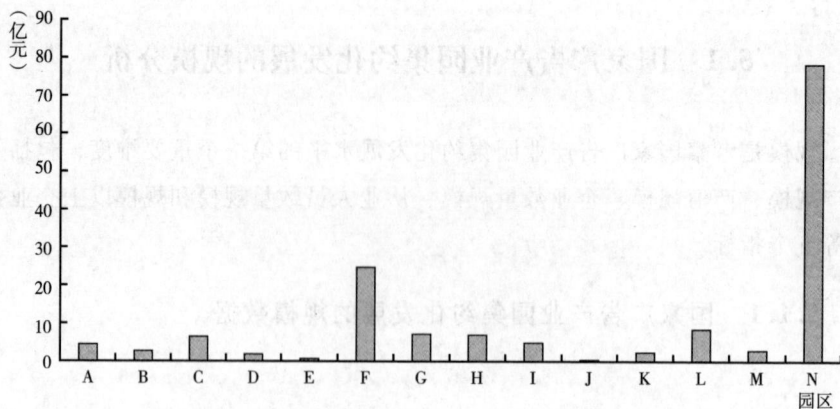

图 5-1 国家广告产业园各园区资产总值分布

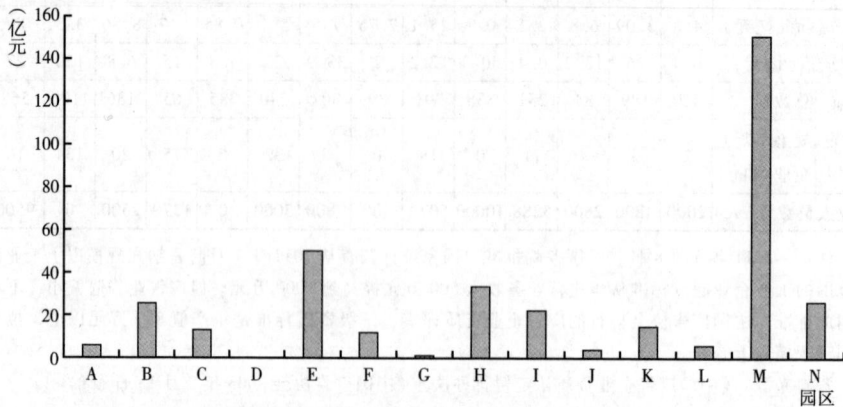

图 5-2 国家广告产业园各园区年产值分布

5.1.2.3 各园区企业数量规模分析

图 5-3 和图 5-4 呈现了各园区企业数量和规模以上企业数量的规模分布状况。

就企业数量规模来看,可以发现,最多的园区达到 1100 户,最小的园区只有 39 户,均值 316 户;超过均值的园区有 6 家,占比 42.86%。这些数据说明各个园区的企业数量规模差异过大,超过一半以上的园区达不到均值规模水平。

就规模以上企业数量而言,14 家园区中,有 2 家园区没有规模以上企业,最多的园区达到 134 家,均值近 19 家;达到均值的园区有 3 家,占比 21.43%。这说明各家园区之间拥有的规模以上企业数量存在巨大差异,绝

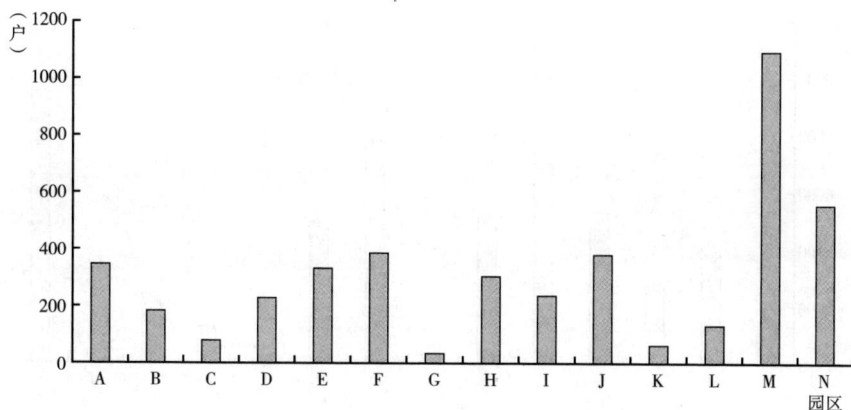

图 5 – 3　国家产业园各园区入园企业数量分布

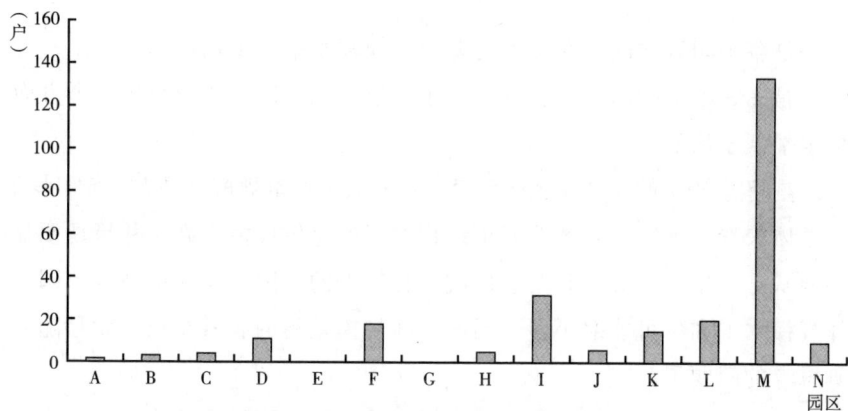

图 5 – 4　国家广告产业园各园区规模以上企业数量分布

大部分园区的规模以上企业偏少。

5.1.2.4　各园区的从业人员数量规模分析

从图 5 – 5 可知，各个园区之间的从业人员数量规模差异非常明显，最多达到 10000 人，最低只有 700 人，均值 4678 人；在均值以上的园区有 6 家，占样本数的 50%。这表明国家广告产业园有一半的园区从业人员数量规模达不到均值水平。

5.1.2.5　国家广告产业园集约化发展的总体规模分析

综合资产规模、产值规模、企业数量规模、规模以上企业数量规模、从业人员数量规模等五个指标来看，国家广告产业园集约化发展的总体规模呈现如下三个特点。

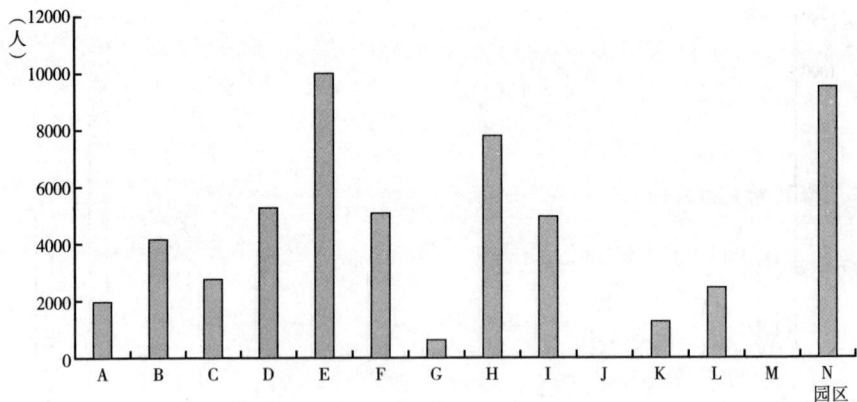

图 5 - 5 国家广告产业园各园区从业人员数量规模分布

一是各个园区之间存在很大的差异，规模水平极不均衡。

二是 2/3 以上的园区在总资产、年产值、规模以上企业数量三个方面的规模水平低于均值。

三是超过 50% 的园区在企业数量、从业人员数量规模水平方面低于均值。

总体来看，国家广告产业园集约化发展的总体规模不高，并呈现明显的不均衡状态。据此，分析和洞察形成这种特点的原因、谋求提高各个园区的总体规模水平和尽可能缩小各个园区之间规模差距的有效路径，就是随后要认真思考的问题了。

那么，国家广告产业园集约化发展经营规模总体特点的成因是什么呢？

通过上述的数据分析和对 8 家 10 区国家广告产业园的实地考察与深度访谈，国家广告产业园经营规模总体特点的形成原因，大致有以下两个方面。

一是一半以上的园区入园企业数量和从业人员数量规模不高，这与园区的建设进度、招商力度、扶持优惠政策的执行程度、区位吸引力等因素有关。

所有的园区都有大致相同的扶持优惠政策，但是执行程度差异较大，有的园区由此症结还导致原有负责人的辞职等问题。

由于各家园区的建设模式不同，有的是新建园区，有的是改建园区，有的是升级园区，开始建设的时间、批复的时间、授牌的时间等也参差不齐，这就造成运营基础、开园时间等的差异，从而一半以上的园区入园企业和从业人员规模偏低，也是造成各个园区总体规模水平极不均衡的客观原因之一。

二是绝大多数园区在总资产、年产值、规模以上企业数量三个方面的规模水平较低，与投资执行、入园企业数量尤其是大型龙头企业不足等有关。

按照国家广告产业园的建设要求、中央扶持资金使用办法，以及各级地方政府申办国家广告产业园的建设投资承诺等，园区应有一定的资产规模，但是实际情况是中央扶持资金的使用规范程度、地方政府的投资承诺等，往往执行效果差强人意，这就造成园区资产规模偏小。

年产值规模水平低有两个主要的原因：一是上文提到的入园广告企业数量不高；二是这些入园广告企业中又缺乏规模以上的大型龙头企业。大型龙头企业的缺位，与扶持优惠政策的吸引力、园区城市区位的吸引力、招商的工作方法等都有很大关系。

5.2　国家广告产业园集约化发展的结构分析

广告及关联企业、支持机构在国家广告产业园的聚集仅仅是集约化发展的基础，只有形成合理的产业结构，才能够发挥对于广告产业的协作作用，提高广告产业园的运营效率，获得集约效应。同样，就广告产业内部来讲，各类广告企业及其比例关系，涉及产业链的完善程度、产业特色、市场结构等，都会影响广告服务的水平和效率。所以，对于国家广告产业园集约化发展的结构分析就是非常必要的评价内容。

5.2.1　国家广告产业园集约化发展的规模结构

5.2.1.1　国家广告产业园规模结构数据[①]

表 5 - 2　国家广告产业园各园区规模结构数据统计

名称		A	B	C	D	E	F	G	H	I	J	K	L	M	N
资产结构占比（%）	中央投资	4	25	12	33	0	2	9	11	16	88	28	8	27	1
	地方投资	96	75	88	67	0	98	91	89	84	12	72	92	73	99

---

① 资产结构指中央扶持和地方投资分别占资产总值的比例。产值结构指广告产业产值占年产总值的比例（2014 年数据）。企业结构指广告企业占全部企业数量的比例、一级资质与规模以上广告企业与全部广告企业数量的比例。从业人员结构指广告从业人员占全部从业人员的数量比例。

续表

名称		A	B	C	D	E	F	G	H	I	J	K	L	M	N
资产结构占比（%）	广告产业	93	58	46	10	0	75	0	67	52	0	80	26	0	25
企业结构占比（%）	广告类企业	93	45	48	18	0	62	21	89	27	70	54	92	0	27
	一级资质广告类企业	0	0	0	0	0	1	0	1	0	0	3	0	0	1
	规模以上广告类企业	1	4	10	26	0	7	0	2	49	2	43	16	12	7
从业人员结构占比（%）		80	75	54	16	0	57	14	54	24	0	63	60	0	32

5.2.1.2 国家广告产业园规模结构分析

一是国家广告产业园资产结构特点。

表5-2和图5-6表明，国家广告产业园总资产中属于地方投资的占比均值是79.69%，在均值以上的园区有8家，占比61.54%，这说明国家广告产业园的中央投资起到了良好的促进地方投资广告业的作用。但也存在不均衡状态，J园区地方投资仅占12%。

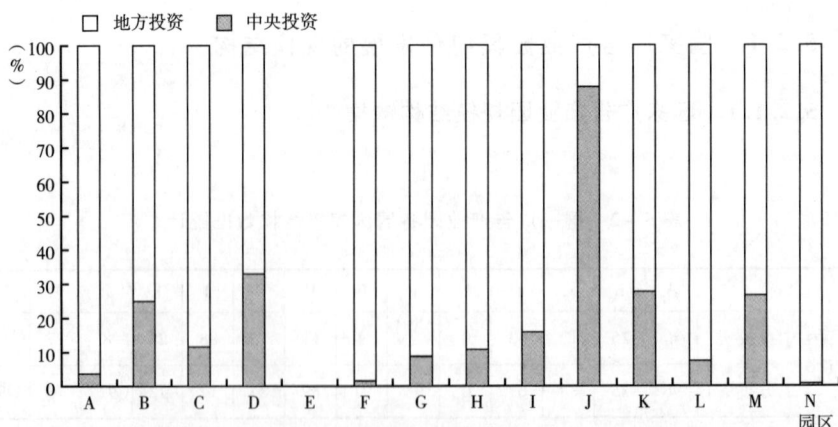

图5-6 国家广告产业园各园区中央与地方投资比例

二是国家广告产业园产值结构特点。

表5-2和图5-7表明，各园区广告产业产值占总产值比重的均值是

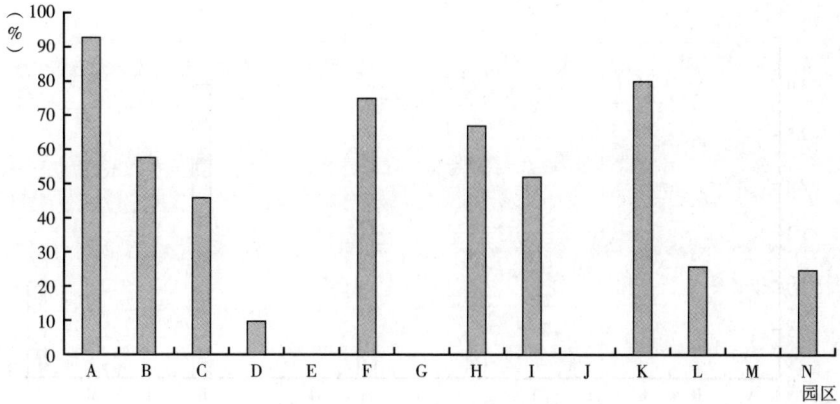

图 5 - 7　国家广告产业园各园区广告产业产值比例

53.2%，在均值以上的园区有 6 家，占比 60%，这说明超过一半的园区广告产业主体地位开始显现。但是园区之间的差异较大，A 园区竟是 D 园区的 5 倍以上，这说明各个园区的发展参差不齐。

三是国家广告产业园企业中广告类企业的结构特点。

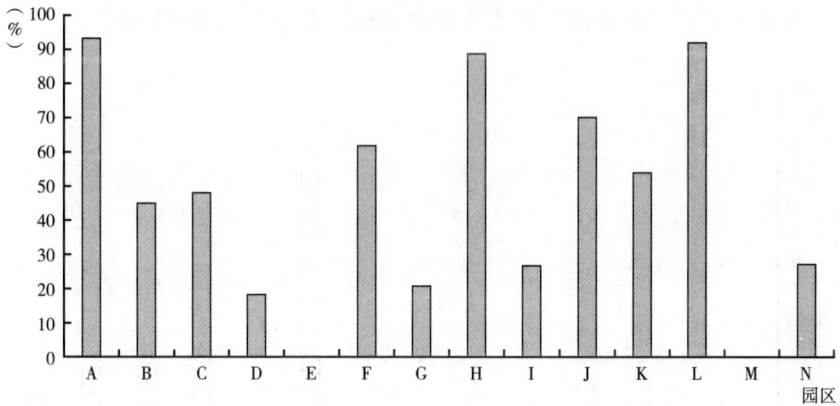

图 5 - 8　国家广告产业园各园区企业中广告类企业比例

表 5 - 2 和图 5 - 8 表明，国家广告产业园入园企业中，广告企业数量占比均值 53.83%，达到均值的有 5 家，占比 41.67%，显现出初步的广告企业主体特征。但还有 58.33% 以上的园区，广告企业还没有成为主体的企业类型。

四是国家广告产业园广告类企业中一级资质企业的结构特点。

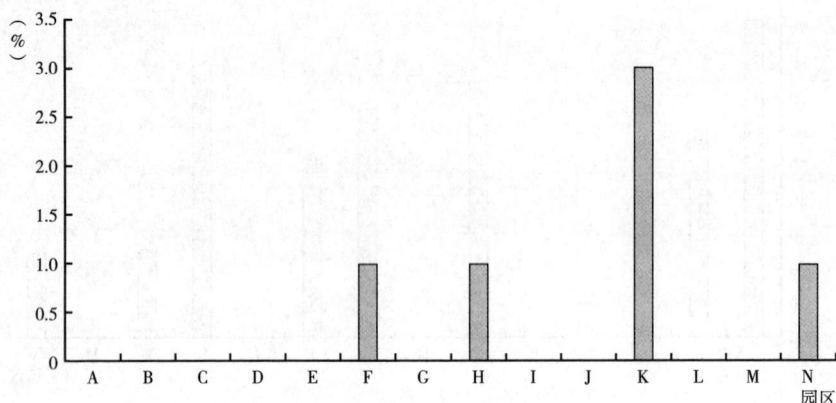

图 5 - 9　国家广告产业园各园区广告类企业中一级资质企业比例

表 5 - 2 和图 5 - 9 表明，14 家园区中有国家一级资质广告企业的园区只有 4 家，占比 28.57%，说明绝大部分园区及其广告类企业或者不太重视企业资质的申报工作，或者在一定程度上说明大型企业、龙头企业稀少，园区广告类企业的规模化、集约化程度很低。

五是国家广告产业园广告类企业中规模以上企业的结构特点。

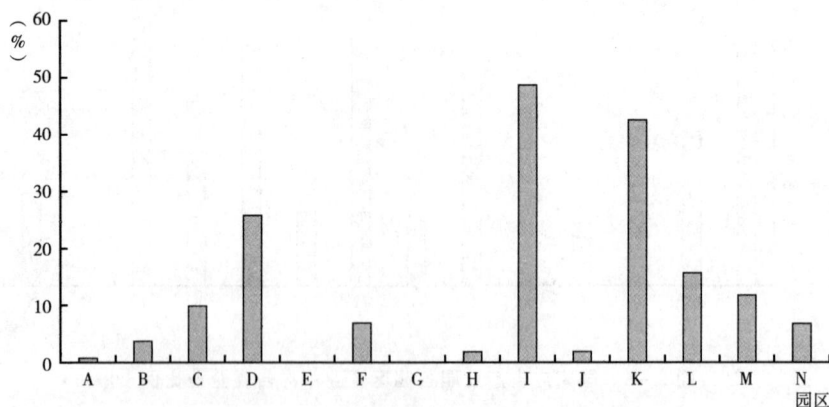

图 5 - 10　国家广告产业园各园区广告类企业中规模以上企业比例

表 5 - 2 和图 5 - 10 表明，14 家园区中有 2 家园区没有规模以上企业，占比 14.29%；各园区拥有规模以上企业的均值近 13，在均值以上的园区有 4 家，占比 28.57%。这说明绝大部分园区规模以上企业占比过低，缺乏大

型企业和龙头企业，园区广告类企业的规模化和集约化程度不高。

六是国家广告产业园从业人员的结构特点。

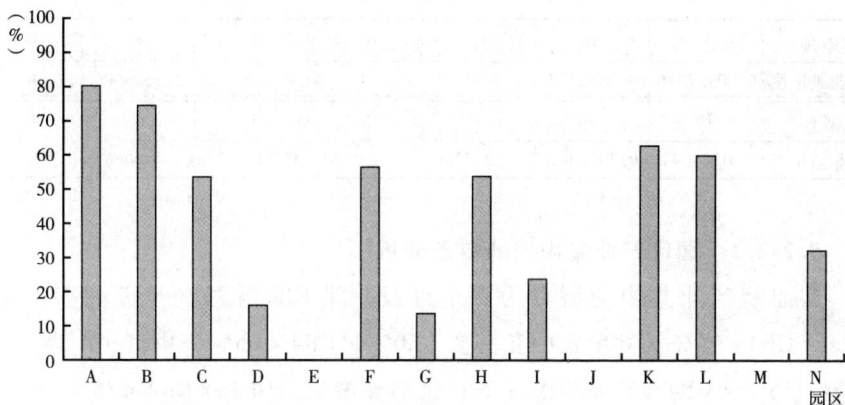

图 5 – 11　国家广告产业园各园区广告从业人员比例

表 5 – 2 和图 5 – 11 表明，广告从业人员占园区从业人员总数的均值是 48.09%，大于均值的园区有 7 家，占比 63.64%，这些数据显现出明显的广告从业人员的主体特征。但是各个园区间的差异仍然较大。

通过资产结构、产值结构、广告类企业数量结构、一级资质企业数量结构、规模以上企业数量结构、从业人员结构等的比较分析，国家广告产业园规模结构的基本特征可以概括如下。

一是园区建设投资以地方为主，中央投资起到了良好的促进地方投资广告产业的作用。

二是园区的广告产业主体地位初步确立。

三是大型企业占比过低。

四是园区之间的规模结构差异较大。

这些特征为加快国家广告产业园的集约化发展提供了谋划和决策的基本依据，有助于寻找到针对性的有效发展路径。

5.2.2　国家广告产业园集约化发展的市场结构

国家广告产业园集约化发展的市场结构旨在分析入园企业中的产业集中度。这里，以园区中资产总值前 4 位的广告企业年产值来计算广告产业的产业集中度。

5.2.2.1　各园区的产业集中度数据

表 5 - 3　国家广告产业园各园区产业集中度数据统计

名称	A	B	C	D	E	F	G
产业集中度	0.609375 、0	0.7533333	0.4912281	0	0	0.2608696	0
名称	H	I	J	K	L	M	N
产业集中度	0.0370044	0.3916667	0.8837209	0.4333333	0.5926471	0.4466667	0.3011111

5.2.2.2　园区产业集中度的特点分析

贝恩将产业集中类型分为六个等级，即 CR4 > 75% 为极高寡占型，65% < CR4 < 75% 为高度集中寡占型，50% < CR4 < 65% 为中（上）集中寡占型，35% < CR4 < 50% 为中（下）集中寡占型，30% < CR4 < 35% 为低集中寡占型，CR4 < 30% 为原子型[①]。

从表 5 - 3 中可知，11 家园区的 CR4 均值约为 47%，这表明国家广告产业园的产业结构整体上还没有越过中（上）集中寡占型的门槛。

其中，属于极高寡占型的有 2 家，占比 18.18%；没有高度集中寡占型园区；属于中（上）集中寡占型的有 2 家，占比 18.18%；属于中（下）集中寡占型的有 4 家，占比 36.36%；属于低集中寡占型的有 1 家，占比 9.1%；属于原子型的有 2 家，占比 18.18%。11 家园区中，属于中（下）集中寡占型及其以下的园区有 7 家，占比 63.64%。

总体来看，国家广告产业园的产业集中度不高，整体上具有中（下）集中寡占型及其以下的产业结构特征，并且存在着极大的差异。如何从整体上，特别是提高占比 63.64% 的中（下）集中寡占型及其以下的园区的产业集中度，应是国家广告产业园集约化进程中必须重视的问题。

5.2.3　国家广告产业园集约化发展的产业结构

产业结构通常以产业间的产值、企业数量和从业人员数量在产业园总体中的比例来表征。我们将国家广告产业园的产业大致划分为广告产业、关联产业和支持产业，它们之间的比例即是三大产业的产值、企业数量和从业人员数量在产业总值、企业和从业人员总数中的百分比之间的比值。

---

① 刘家顺、杨洁、孙玉娟：《产业经济学》，中国社会科学出版社，2006，第 137 页。

5.2.3.1　国家广告产业园三大产业的产业结构数据

表5-4和图5-12表明，园区产值中广告产业占比的均值是54%，关联产业占比的均值是29.8%，其他支持产业占比的均值是16.2%，这充分体现出了广告产业的主体性特征。存在的问题是，还有50%的园区广告产业产值占比低于均值，广告产业占比最高的A园区是最低的D园区的近6倍，园区之间三大产业产值结构呈现严重的不均衡。

表5-4　国家广告产业园各园区三大产业产业结构数据统计

名称	A	B	C	D	E	F	G
产值比例(%)	93/3/4	58/19/23	48/32/20	16/23/61	0	75/23/2	0
企业比例(%)	93/3/4	45/16/39	48/32/20	19/28/53	0	62/29/9	20/49/31
从业人员比例(%)	80/9/11	43/11/46	54/29/17	16/40/44	0	57/34/9	14/43/43

名称	H	I	J	K	L	M	N
产值比例(%)	67/30/3	52/17/31	0	80/13/7	26/74/0		25/64/11
企业比例(%)	89/8/3	27/30/43	70/11/19	54/31/15	92/8/0	0	27/58/15
从业人员比例(%)	54/43/3	24/32/44	0	63/28/9	60/40/0		32/53/15

5.2.3.2　国家广告产业园三大产业的结构特点分析

一是国家广告产业园三大产业的产值结构特点。

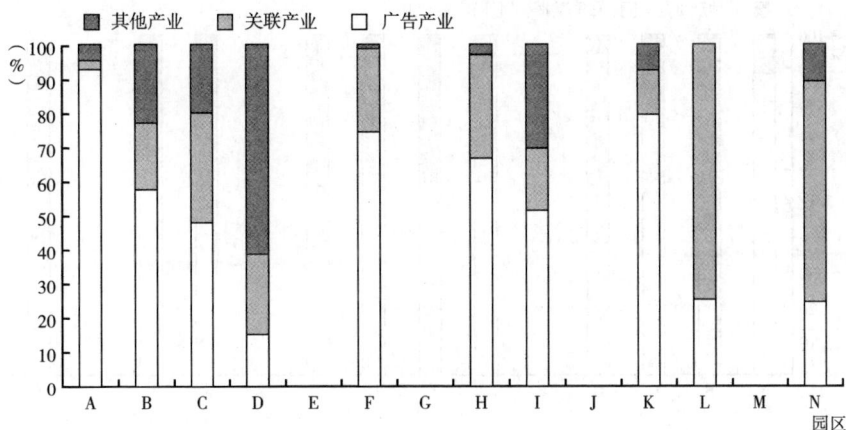

图5-12　国家广告产业园各园区三大产业产值结构分布

二是国家广告产业园三大产业的企业数量结构特点。

表5-4和图5-13表明，园区广告类企业数量占比的均值是53.83%，关联

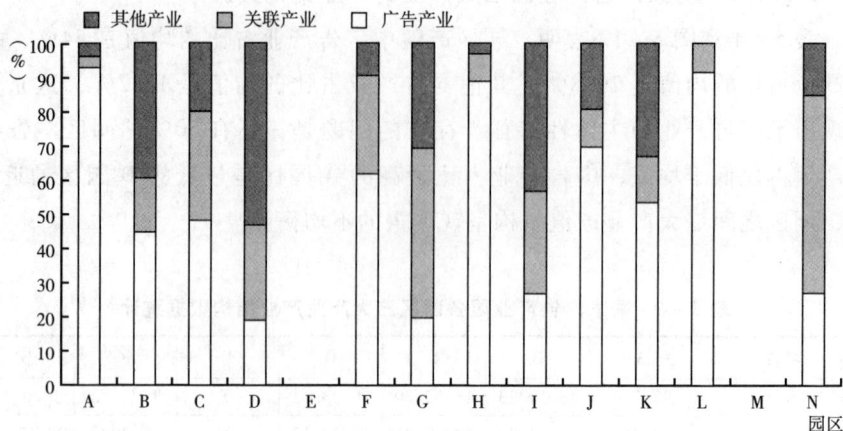

图 5 – 13　国家广告产业园各园区三大产业企业数量结构分布

类企业数量占比的均值是 25. 25% ,其他支持产业占比的均值是 20. 92% ,同样充分体现出了广告产业的主体性特征。存在的问题是也有 50% 的园区广告类企业数量占比低于均值,广告类企业数量占比最高的 A 园区是最低的 D 园区的近5 倍,园区之间三大产业企业数量结构也呈现严重的不均衡。

三是国家广告产业园三大产业的从业人员结构特点。

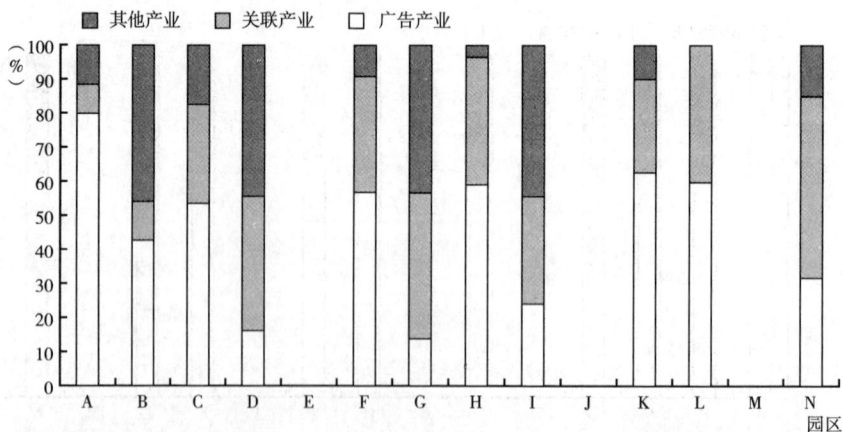

图 5 – 14　国家广告产业园各园区三大产业从业人员结构分布

表 5 – 4 和图 5 – 14 表明,园区广告类企业从业人员数量占比的均值是45. 18% ,关联类企业数量占比的均值是 32. 9% ,其他支持产业占比的均值

是 21.92%，也大体显示出了广告产业的主体性特征。存在的问题是 45.45%的园区广告类企业从业人员数量占比低于均值，广告类企业从业人员数量占比最高的 A 园区是最低的 D 园区的 5 倍，园区之间三大产业从业人员数量结构呈现更严重的不均衡。

综合三大产业的产值、企业数量和从业人员数量占比情况来看，国家广告产业园三大产业的结构特点可以概括如下。

一是广告产业的主体性特征较为明显。

二是三大产业间的结构基本合理。

三是园区之间三大产业间的结构严重不均衡。

5.2.4　国家广告产业园集约化发展的广告产业内部结构

国家广告产业园集约化发展的广告产业内部结构分析指的是园区内各类广告细分产业的结构关系。根据广告企业的服务内容不同，可以将广告企业分为全案型企业、多种服务型企业、专门化企业三类。专门化企业可以再细分为研发型企业、制造型企业、户外型企业、创意设计型企业、制作型企业、媒体代理型企业、新媒体企业等七类。

5.2.4.1　国家广告产业园广告产业内部企业数量结构分析

一是三大类广告企业的数量结构特点。

表 5－5　国家广告产业园广告产业内部企业数量结构数据统计

名称		A	B	C	D	E	F	G	H	I	J	K	L	M	N
三大类企业（%）	全案	1	6	25	21	0	10	0	60	2	0	23	0	0	3
	多种服务	57	53	50	38	0	52	0	31	58	0	34	0	0	60
	专门	42	41	25	41	0	38	0	9	40	0	43	0	0	37
专门类企业（%）	研发	10	1	0	0	8	2	6	0	0	0	6	0	0	0
	制造	1	5	3	14	11	5	6	0	0	0	6	0	0	7
	户外	8	2	3	14	22	19	13	11	0	0	0	0	0	4
	创意设计	46	66	70	38	17	34	6	18	31	0	23	0	0	61
	制作	3	7	13	0	17	9	0	11	29	0	29	0	0	5
	媒体代理	8	8	5	24	8	7	13	6	0	0	20	0	0	1
	新媒体	24	11	6	0	17	24	56	43	34	0	22	0	0	21

表 5 - 5 和图 5 - 15 表明，各园区全案类企业数量占比的均值是 16.78%，多种服务类企业占比的均值是 48.11%，专门类企业占比的均值是 35.11%，全案类企业数量占比较低，专门类企业仅占 1/3 强。这说明较易发展成为规模化企业的全案类企业数量严重不足，广告产业的专门化分工还有待深化。

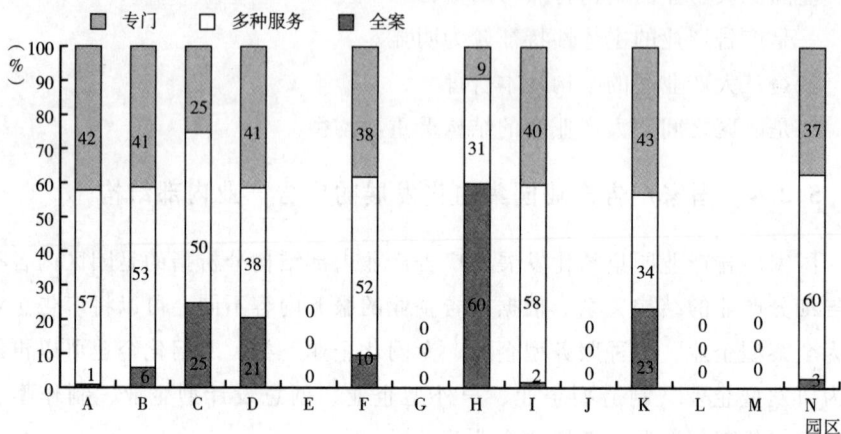

图 5-15　国家广告产业园各园区三大类广告企业数量结构分布

二是专门类广告企业的数量结构特点。

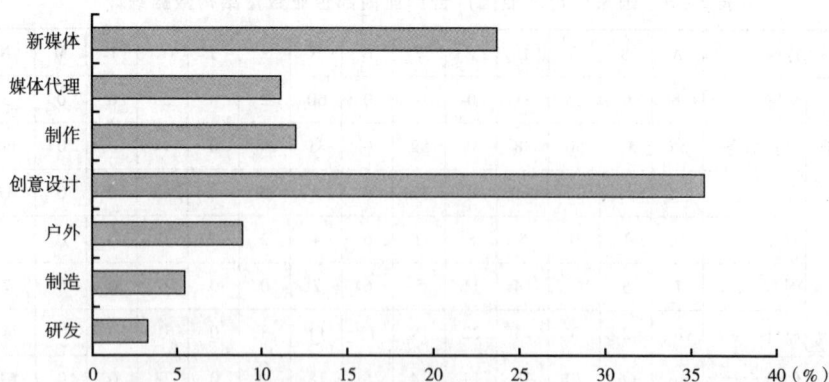

图 5-16　国家广告产业园各园区专门类广告企业占比均值分布

表 5-5 和图 5-16 表明，各园区专门化广告企业中按照占比比重的高低排序为：创意设计（37.27%）、新媒体（23.73%）、制作（11.18%）、

媒体代理（9.36%）、户外（9%）、制造（5.91%）、研发（3.55%）。

这些数据表明创意设计和新媒体类广告企业是广告产业当中的主体类型，两者占比之和达到61%，显现出广告产业结构的高端化和发展性，但是实际上这两类广告企业不宜形成规模化的大型企业。而能够形成规模化企业的媒体代理类企业占比不到10%，这就为园区的规模化发展造成了障碍。研发类广告企业数量最低，说明各个园区都不太重视或者是这类企业通过满足广告市场需求获得发展的能力有限。

在11家园区中，创意设计类企业占比较高的有A、B、C、D、F、I、K、N等8家园区，占比72.73%；新媒体类企业占比较高的有A、F、G、H、I、K、N等7家园区，占比63.64%；各有2家园区的媒体代理与制作类企业占比相对较高，1家园区的户外类企业占比较高。这些数据说明绝大多数园区的专门化广告企业主体，是传统的创意设计和新媒体类企业，有1/3的园区专门化广告企业的主体是媒体代理、制作、户外等传统业态和广告产业链的低端节点。

综合上述广告类企业的数量结构数据分析来看，广告类企业的总体数量结构呈现以下特点：一是全案类企业数量占比较低；二是专门类企业中创意设计和新媒体企业是主体；三是专门化广告企业比例不高，有待于深化广告产业的分工，从而提高其专业化服务水平。

5.2.4.2　国家广告产业园广告产业内部从业人员数量结构分析

一是三大类广告企业的从业人员数量结构特点。

表5-6和图5-17表明，各园区从业人员数量中，全案类企业占比的均值是20.22%，多种服务类企业占比的均值是50.11%，专门化企业占比的均值是29.67%，全案类企业从业人员数量占比较低，与企业数量占比状况一致。

表5-6　国家广告产业园各园区广告产业内部从业人员数量结构数据统计

名称		A	B	C	D	E	F	G	H	I	J	K	L	M	N
三大类企业（%）	全案	11	21	33	26	0	10	0	35	4	0	25	0	0	17
	多种服务	51	51	47	35	0	57	0	52	70	0	30	0	0	58
	专门	38	28	20	39	0	33	0	13	26	0	45	0	0	25

续表

名称		A	B	C	D	E	F	G	H	I	J	K	L	M	N
专门类企业（%）	研发	10	1	0	0	0	2	6	10	1	0	0	0	0	2
	制造	1	12	3	0	0	5	1	7	0	0	21	0	0	17
	户外	8	10	5	0	0	18	22	6	6	0	0	0	0	7
	创意设计	46	25	67	0	0	36	11	29	23	0	34	0	0	40
	制作	3	11	13	0	0	10	0	4	20	0	12	0	0	5
	媒体代理	7	16	5	0	0	7	6	0	4	0	21	0	0	3
	新媒体	25	25	7	0	0	22	54	39	46	0	12	0	0	26

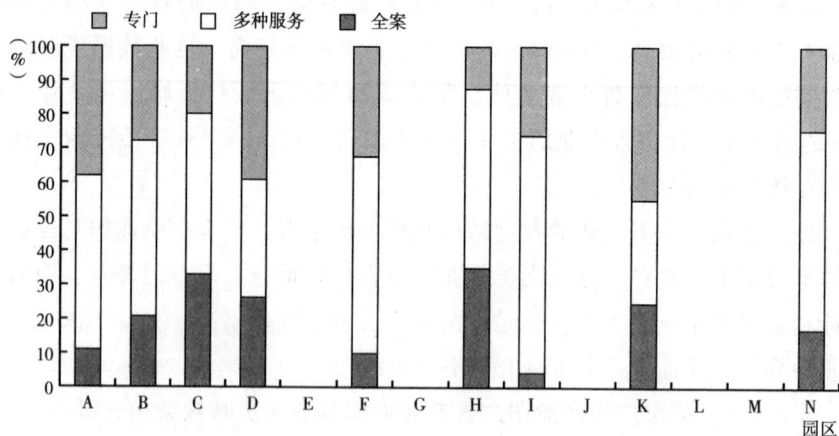

图 5-17　国家广告产业园各园区三大类广告企业从业人员数量结构分布

二是专门类广告企业的从业人员数量结构特点。

表 5-6 和图 5-18 表明，各园区各类专门化广告企业从业人员数量占比的高低排序为：创意设计（34.56%）、新媒体（28.55%）、户外（9.11%）、制作（8.67%）、媒体代理（8.11%）、制造（7.44%）、研发（3.56%）。基本排序与企业数量占比的排序相同，只是户外、制作、媒体代理相互之间交换了位置。

这些数据表明创意设计和新媒体类广告企业的从业人员最多，位居广告产业从业人员当中的主体地位；研发类广告企业从业人员数量最低，也说明这类企业规模过小。

综合各园区三大类和专门类企业从业人员的数量结构数据，可以发现其总体特征如下：一是全案类企业从业人员数量占比较低；二是创意设计和新

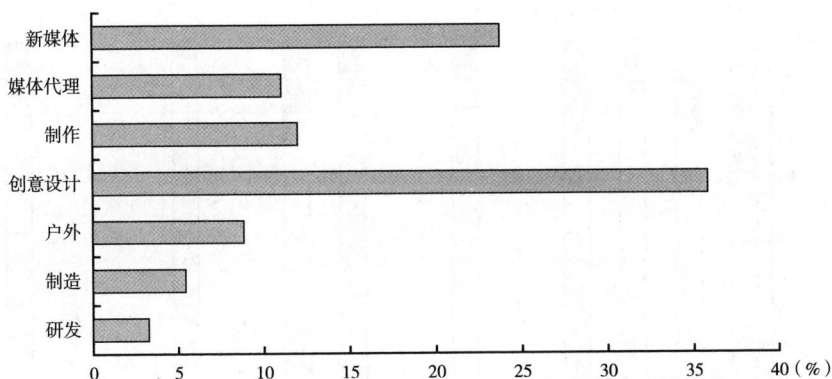

图 5 - 18　国家广告产业园各园区专门类广告企业从业人员数量结构均值分布

媒体类广告企业的从业人员最多；三是研发类广告企业从业人员数量最少。

这三大特点与 5.2.4.1 的特点完全相同。

5.2.4.3　国家广告产业园广告产业内部企业产值结构分析

一是三大类广告企业的产值结构特点。

表 5 - 7 和图 5 - 19 表明，各园区产值结构中全案类企业占比的均值是 43.44%，多种服务类企业占比的均值是 32%，专门类企业占比的均值是 24.56%，全案类企业产值结构占比最高，与企业数量占比、从业人员数量占比状况完全相反。这说明了全案类广告企业虽然企业数量和从业人员数量较少，但产值较高，要提高园区的规模化水平，还得重点引入和培育全案类广告企业。

表 5 - 7　国家广告产业园各园区广告产业内部企业产值结构数据统计

名称		A	B	C	D	E	F	G	H	I	J	K	L	M	N
三大类企业（%）	全案	20	46	35	43	0	50	0	66	17	0	70	0	0	44
	多种服务	41	27	50	30	0	30	0	21	54	0	25	0	0	31
	专门	39	27	15	27	0	20	0	13	29	0	5	0	0	25
专门类企业（%）	研发	1	1	0	0	0	1	0	20	1	0	0	0	0	1
	制造	2	21	7	0	0	34	0	6	0	0	8	0	0	19
	户外	22	12	3	0	0	9	0	8	0	0	0	0	0	2
	创意设计	17	26	64	0	0	26	0	29	25	0	70	0	0	19
	制作	7	2	13	0	0	1	0	4	33	0	5	0	0	4
	媒体代理	22	8	5	0	0	23	0	14	11	0	10	0	0	2
	新媒体	29	30	8	0	0	6	0	19	28	0	7	0	0	53

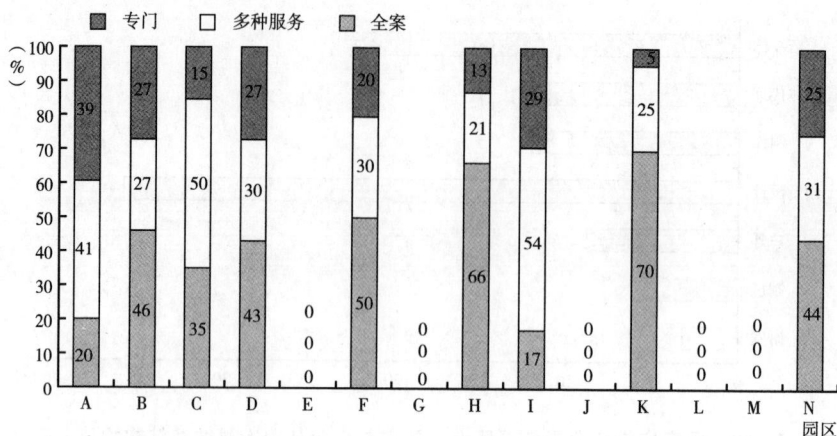

图 5-19 国家广告产业园各园区三大类广告企业产值结构分布

二是专门类广告企业的产值结构特点。

表 5-7 和图 5-20 表明，各园区专门类广告企业产值占比按高低顺序排列为：创意设计（34.5%）、新媒体（22.6%）、制造（12.13%）、媒体代理（11.88%）、制作（8.63%）、户外（7.13%）、研发（3.13%）。

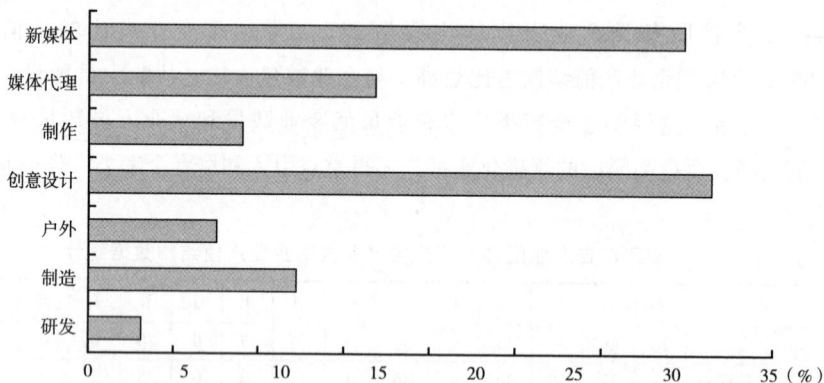

图 5-20 国家广告产业园各园区专门类广告企业产值结构均值分布

这些数据表明创意设计和新媒体类广告企业的产值最高，贡献了 57.1% 的广告产业产值，位居广告产业产值中的主体地位；研发类广告企业产值最低。

综合各园区三大类和专门类企业产值结构数据，可以发现以下个特点。

一是全案类企业产值占比最高。

二是专门类企业中，创意设计和新媒体类广告企业的产值占比最高。

三是研发类广告企业产值占比最少。

这三大特点中，与5.2.4.1和5.2.4.2的特点完全相同的是"专门类企业中，创意设计和新媒体类广告企业占比最高"与"研发类广告企业占比最少"，与5.2.4.1和5.2.4.2的特点完全相反的是"全案类企业产值占比最高"。这就意味着全案类广告企业具有一定的经营规模，是提高园区规模化水平的主体依托。

5.2.4.4　国家广告产业园广告产业内部的总体结构分析

通过对各园区广告产业内部企业数量结构、从业人员数量结构和产值结构所做的统计分析，国家广告产业园广告产业内部的总体结构特征可以综述如下。

一是在企业数量、从业人员数量结构两个指标方面，创意设计和新媒体类广告企业都居于主体地位，属于各园区共有的主体产业结点和业态。

二是在企业数量、从业人员数量、产值结构三个指标方面，研发类企业都位居末位，属于边缘类产业结点。

三是全案类企业数量和从业人员数量占比较低，但是产值占比最高，属于形成园区产值规模的主体业态。

5.2.5　国家广告产业园集约化发展的总体结构特点

5.2.5.1　国家广告产业园的总体结构特点

国家广告产业园集约化发展的结构分析包括了规模结构、市场结构、产业结构三个方面，综合起来有如下五个特点。

一是各园区的广告产业主体地位初步确立。

二是一级资质企业、规模以上企业、全案类企业等有一定经营规模的大型企业较少，产业集中度尚待提高。

三是三大产业间的结构较为合理。

四是各园区之间的结构差异较大。

五是创意设计和新媒体类广告企业是各园区共有的主体产业结点和业态。

5.2.5.2　国家广告产业园总体结构特点的成因探悉

国家广告产业园近四年的建设和运营，形成了上述五个方面的总体结构特点，影响着园区的建设和运营效率。这些特点的形成有着复杂的主客观原因。

各园区之所以能够基本确立广告产业的主体地位，政府对于园区认定标准的制定和要求、园区招商的选商策略、对广告类企业优惠扶持政策的实施等，应是主要的推动力量。而广告产业主体地位的确立，势必自然吸引和聚集一定数量相匹配的关联企业和支持机构，从而形成广告产业、关联产业和支持产业相对合理的结构特征。

各园区一级资质企业、规模以上企业、全案类企业等有一定经营规模的大型企业不多，产业集中度不高等，其原因较为复杂，有些是园区空间太小、有些是优惠扶持政策不到位、有些是区位条件不便利、有些是招商缺乏针对性、有些是对于企业资质认定的价值没有正确认识，等等，不一而足。但这却是一个影响园区集约化发展的重大问题，此问题不解决，就有可能使园区沦为马歇尔式产业集群，成为中小企业的摇篮，集约化发展就无从依托。

创意设计和新媒体类作为各个园区广告企业当中的主体类型，有着客观性的原因。创意设计企业本就是广告类企业中的主体，数量众多，大都规模偏小，聚集起来就成为园区的主体产业结点。新媒体广告服务是当下广告产业业态创新的焦点，那么新媒体类企业的主体地位的形成自然会受到园区的偏爱和极力扶持。但这两类主体性和高成长性产业结点和业态的规模化发展还需不少的时日。

总体来看，引入和培育新媒体类、全案类广告企业，是提高园区集约化发展水平的努力方向。

5.3　国家广告产业园集约化发展的效率分析

资源配置和运营效率是产业园集约化发展的主要指标之一，主要表现在园区的经济投入产出比、园区建成使用面积的年产值比、园区企业户均和人均产值与所在地（特指市域）广告企业户均和人均产值比。

5.3.1　国家广告产业园集约化发展的园区投入产出效率

5.3.1.1　国家广告产业园集约化发展的园区投入产出效率数据[①]

表 5-8　国家广告产业园各园区投入产出效率数据统计

名称	A	B	C	D	E	F	G	H	I	J	K	L	M	N
投入产出比	2.54	16.19	4.28	0.67	146.43	0.67	0.48	8.57	9.49	5.06	5.56	1.50	75.76	1.00

---

① 投入产出比指国家广告产业园历年总产值与历年投资总额的比值，以说明投资效率。

5.3.1.2 国家广告产业园集约化发展的园区投入产出效率分析

表5-8表明，14家园区中，投入产出比大于1的有10家，占比71.43%。这说明国家广告产业园绝大多数的投入产出效率较高，有力地推动了入园广告企业经营业绩的提升。

5.3.2 国家广告产业园集约化发展的园区使用面积经营效率①

5.3.2.1 国家广告产业园集约化发展的园区使用面积经营效率数据

表5-9 国家广告产业园各园区使用面积经营效率数据统计

名称	A	B	C	D	E	F	G
面积（平方米）	260000	240000	70000	126900	471000	1300000	100000
年产值（万元）	64000	260000	131600	14000	503000	122000	20000
每平方米产值（万元）	0.2462	1.0833	1.8800	0.1103	1.0679	0.0938	0.2000

名称	H	I	J	K	L	M	N
面积（平方米）	281000	240000	130000	44000	13000	44311	1090000
年产值（万元）	339000	230000	43000	150000	68000	1500000	270000
每平方米产值（万元）	1.2064	0.9583	0.3308	3.4091	5.2308	33.8516	0.2477

5.3.2.2 国家广告产业园集约化发展的园区使用面积经营效率分析

表5-9和图5-21表明，各园区单位面积产值存在巨大差异，经营效率最高的M园区是最低的F园区的361倍；各园区使用面积经营效率均值3.5654万元，高于均值的园区仅有2家，占比14.29%。

这些数据说明，各园区单位面积产值不仅存在巨大差异，而且绝大多数园区的单位面积经营效率过低。

---

① 单位土地面积或使用空间的产值比，是考量集约化经营效率的传统常规指标。这里的园区使用面积产值比指的就是园区平均每平方米的万元产值比。

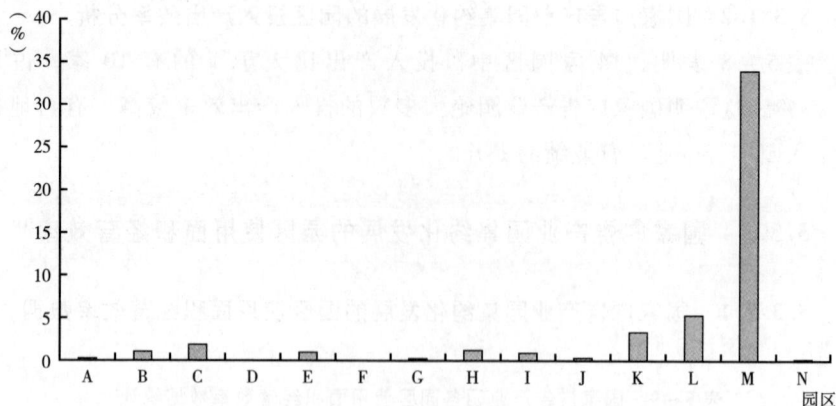

图 5 - 21 国家广告产业园各园区使用面积经营效率分布

5.3.3 国家广告产业园集约化发展的园区与市域广告产业效率比较

5.3.3.1 国家广告产业园集约化发展的园区与市域广告产业效率数据①

表 5 - 10 和图 5 - 22 表明，园区与所处市域广告产业的户均产值比率差异很大，最高的 K 园区是最低的 N 园区的 476 倍，但比率大于 1 的园区有 9 家园区，占比 81.82%，说明绝大多数园区的户均经营效率高于所处市域广告产业的整体户均经营效率。

表 5 - 10 国家广告产业园各园区与市域广告产业效率数据统计

名称	A	B	C	D	E	F	G
户均产值比	0.83	18.49	12.76	1.25	0	1.22	0
人均产值比	2	6.72	1.94	0.43	0	0.58	0
名称	H	I	J	K	L	M	N
户均产值比	6.42	22.89	0	85.73	2.30	7.27	0.18
人均产值比	3.6	15.34	0	37.5	2.4	0	0.01

---

① 户均产值比和人均产值比计算的是 2014 年的数据，指的是园区广告企业户均和人均年产值与所在城市广告企业户均和人均年产值的比值，用以比较园区与所在城市广告产业的经营效率高低。

5.3.3.2　国家广告产业园集约化发展的园区与市域广告产业户均经营效率比较分析

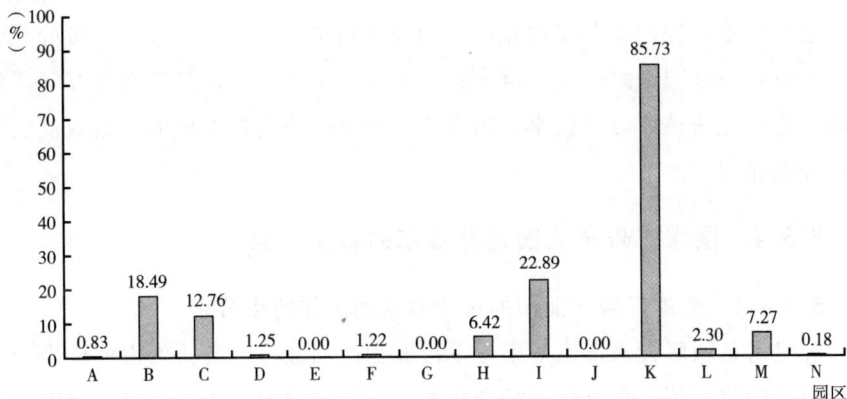

图 5 - 22　国家广告产业园各园区与市域广告产业户均经营效率分布

5.3.3.3　国家广告产业园集约化发展的园区与市域广告产业人均经营效率比较

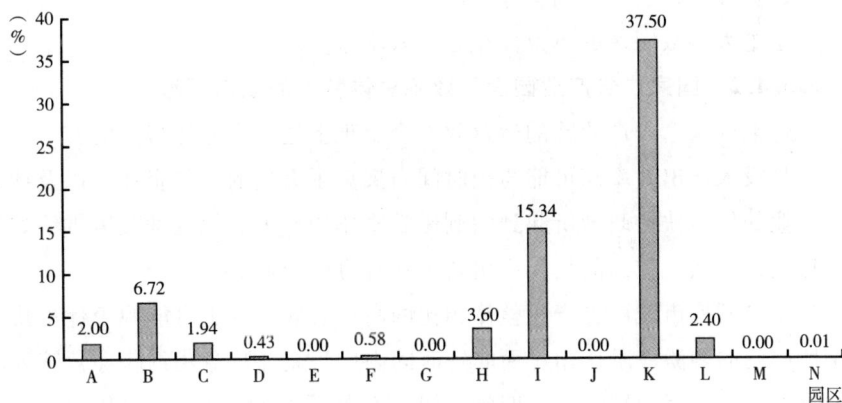

图 5 - 23　国家广告产业园各园区与市域广告产业人均经营效率分布

表 5 - 10 和图 5 - 23 显示，园区与所处市域广告产业之间的人均产值差异更大，最高的 K 园区竟是最低的 N 园区的 3750 倍，不过有 7 家园区的比率大于 1，占比 70%，说明绝大多数园区的人均经营效率高于所处市域广告产业的整体人均经营效率。

5.3.3.4 国家广告产业园集约化发展的园区与市域广告产业效率的总体比较

综合各个园区与所处市域广告产业整体户均产值和人均产值的比率数据，发现国家广告产业园集约化发展的园区与市域广告产业效率比较的总体特征如下：一是园区之间差异巨大；二是绝大多数园区的经营效率高于所处市域广告产业的整体经营效率，国家广告产业园集约化发展的示范效应引领作用开始显现。

5.3.4 国家广告产业园运营效率的总体特点

5.3.4.1 国家广告产业园的运营效率的总体特点分析

经过对各园区投入产出效率、单位面积产出效率、与所处市域广告产业经营效率的比较等三个方面的综合分析，可以对国家广告产业园运营效率的特点做出如下概括。

一是在投入产出效率和与所处市域广告产业整体相比的经营效率方面，绝大多数园区效率较高。

二是无论在园区单位面积经营效率或者是与所处市域广告产业的整体经营效率比较方面，园区之间皆存在巨大差异。

三是绝大多数园区的单位面积经营效率过低。

5.3.4.2 国家广告产业园运营效率总体特点的成因探悉

为什么国家广告产业园的运营效率会出现上述三大总体特点呢？

一是投入产出效率高可能与短时间内聚集了大量的广告企业，以及针对这些企业的优惠扶持政策所起到的刺激鼓励作用有关。但这种政策供给如果不能持续，那么，较高的投入产出效率就有可能减弱。

二是与所处市域广告产业整体相比的高经营效率，也可能源于优惠扶持政策所起到的刺激鼓励作用，而非短时间内广告企业自身集约化经营管理水平的提高所致。因为短短的三四年时间，不大可能就能够培育出优秀的广告企业，其成长需要一段时间的过程积累。

三是绝大多数园区的单位面积经营效率过低，最大的可能是园区规划建设的使用面积较大，但招商是一个缓慢的过程；除了扶持优惠政策的激励外，公共服务平台等集约效应的显现，也有一个逐渐释放或被检验的过程；还有可能是广告企业的集约化经营管理水平尚待提高。

四是园区之间巨大差异的存在，本身就是各个园区客观存在的广告产业基础及其园区运营理念和经营方式差异的反映。针对运营方的调查问卷显示，经营效率高的园区大都有明确的引入和培育龙头企业的规划、举措等。这也许是造成园区之间经营效率巨大差异的主观原因。

5.4　小结

根据对于产业集约化发展理论的梳理和提炼，结合广告产业的特点，及国家广告产业园的实际，论文建立了以规模、结构和效率三个维度构成的国家广告产业园集约化发展的分析评估框架。

基于规模、结构和效率这个分析评估框架，本书借助对 14 家样本园区运营方和 216 家入园广告企业的调查问卷，获得相关数据，对于国家广告产业园的集约化发展水平给予了实证分析，并探讨了形成这种发展状况的主要原因。

在规模方面，国家广告产业园呈现投入和产出规模不高且不均衡的状态。

在结构方面，国家广告产业园呈现产业结构渐趋合理、广告产业的主体地位初步确立，但缺少有一定经营规模的大型企业、产业集中度不高等特点。

在效率方面，国家广告产业园呈现虽然整体投入产出效率和与所处市域广告产业的比较经营效率较高，但单位经营效率和单位面积经营效率过低等特点。

无论是规模、结构，或者是效率，国家广告产业园都表现出较大的差异和不均衡。

这些量化的实证分析结论说明，国家广告产业园的集约化发展尽管开始起步，但是进展并不明显。

那么，什么原因造成了国家广告产业园集约化发展的进展如此不力呢？通过浏览和分析国家广告产业园各园区网站的刊载资料，结合笔者对于八园十区的实地考察和深度访谈所获的第一手资料等，论文总结出的主要原因有：政府有关部门和运营方对于国家广告产业园的集群化逻辑与集约化发展的理解不够准确和深入；运营方存在经营的短期行为，过于看重入园企业的数量，而忽视了入园企业的规模、关联性、带动作用和发展性；扶持优惠政策执行不力，影响了大型广告企业入园经营的信心度；运营方管理和运营广告产业园的经验和能力不足等。这些原因的洞悉，将有助于加快对国家广告产业园集约化发展进程有效路径的研究。

第六章

从政府主导到市场主导：
国家广告产业园集约化发展的战略转变

与市场驱动形成的产业集群不同，国家广告产业园本身就是依靠政府的外力介入，组织建设的产业集聚发展空间。其能否顺利地实现集约化的发展，不仅取决于如何发挥政府的外力作用，还取决于市场的内力作用，从而形成其内在的集约化发展动力和机制，更取决于如何协调好政府和市场这两种资源配置手段在集约化发展过程中的角色扮演。

国家广告产业园的动议、规划、建设等都是在国家广告行业主管部门的主导之下，主要依靠中央财政扶持资金来快速推进的。但自 2015 年起中央财政不再提供扶持资金，那么，初步建成刚刚进入正式运营阶段的国家广告产业园又如何可持续性的发展并实现集约化呢？这就需要重新进行新的制度安排和战略转变，从初期的依靠政府驱动和扶持的政府主导行政管理模式，向依靠企业为主体的市场主导运营模式转变，建立起符合产业园区运营规律、可持续性和集约化发展的内在动力和机制，从而保障国家广告产业园的集约化发展顺利推进。

6.1 产业发展中的政府与市场

产业不是独立的经济实体，而是具有公共性的特征，这就需要政府的参与。但是产业发展又是一种经济活动，必须遵循市场经济规律，因而市场的作用不可或缺。这就意味着产业发展必须运用和协调好政府与市场这两种资源配置手段，使它们在产业发展中发挥出最佳效能。

6.1.1 "看得见的手"与"看不见的手"

政府在经济发展中的作用被称为"看得见的手"，市场在经济发展中的作用被称为"看不见的手"。这是经济发展中资源配置的两种基本方式。

经济学中的新古典学派认为，在完全竞争的条件下，经济活动依赖市场机制，就可以实现效率与公平，不需要政府的干预。即使政府要干预经济活动，也要限制其作用范围，主要提供保证市场公平的环境、公共服务和公共设施。如果政府干预经济活动，就可能出现决策失误、权力寻租、低效率等政府失灵现象和弊端，干扰经济活动的正常、公平和高效率运行。

经济学中的凯恩斯学派则认为，完全的市场机制在现实生活中是不存在的，信息不对称，经济活动的外部性、非理性的合成谬误等，就会造成市场失灵，达不到帕累托最优，损害经济活动的公平性。在这种情况下，政府干预就成为保障经济活动正常运行的必要手段。

事实上，无论是政府或者是市场，都有可能是失灵的。最坏的情况是失灵的政府干预失灵的市场，经济活动就会陷入混乱的泥沼。最好的情况应该是充分发挥和协调好这两种手段的积极作用，扬长补短，实现凸性组合[①]。

最坏的情况可能出现，最好的情况却难以企及。在实际的经济活动中，通常最佳的情形是在宏观经济活动领域，政府干预较为普遍；在微观经济活动领域，市场机制的作用更大。

而产业发展既是宏观的也是微观的，抑或是中观的，因为它既是一个个企业实体的集合，又是依赖于市场机制追求自身经济效益最大化的市场主体。所以，从这个意义上说，产业发展既需要政府的干预，也需要市场机制的充分发挥。

6.1.2 产业发展中的政府与市场

关于产业发展中的政府与市场作用，有学者结合具体的产业发展问题做了如下探讨。

---

① 罗肇鸿、张仁德：《世界市场经济模式综合与比较》，兰州大学出版社，1994，"总序"第7页。

尹志超等认为，高科技产业的不同发展阶段有不同的发展需要，政府和市场应发挥相匹配的作用。在研究开发阶段，要以市场导向为主，辅之以政府资金和政策的支持；在风险投资阶段，仍以市场导向为主，辅之以政府税收优惠、政府采购和放宽风险投资限制等支持；在风险投资退出阶段，市场依然起着主导作用，不过政府的作用转变为建立创业板市场、健全产权交易市场和培育中介机构等制度供给上①。

左慧女士研究了我国文化产业发展中的政府主导模式，认为政府的制度创新、供给与安排，对于加快文化产业发展具有重要意义。但在强调政府主导作用的同时，要采取措施减少它的成本和代价②。

这些对具体产业的发展中政府与市场的作用研究，有助于理解和指导国家广告产业园集约化发展中政府与市场的作用发挥与协调。

6.1.3 产业集群发展中的政府与市场

对产业集群的发展中，政府与市场的关系和作用，迈克尔·波特先生做了深入全面的研究。

他认为，在地理集中性产业集群兴起的地方，地方政府的角色会越来越重要③，政府有强化它的责任，最好的做法是投资于研究、培训、资料库、专业基础设施等生产要素上④。

在产业集群的发展过程中，他认为政府应该扮演"干预与放任的平衡"角色⑤。首要的任务是"改善企业投入要素和基础设施的质量和效率，制定规则和政策来促使企业升级和创新"⑥，"从直接干预调整为奠定良好资源的发展基础，使企业在更有挑战性和创造力的环境中竞争"，"政府应该是规

① 尹志超、王引：《高科技产业发展中的政府与市场》，《经济理论与经济管理》2001 年第 12 期。

② 左慧：《论转型期文化产品供给的政府与市场作用边界特征》，《青海师范大学学报》（哲学社会科学版）2008 年第 2 期。

③ 〔美〕迈克尔·波特：《国家竞争优势》，李明轩、邱如美译，华夏出版社，2002，第 607 页。

④ 〔美〕迈克尔·波特：《国家竞争优势》，李明轩、邱如美译，华夏出版社，2002，第 638 页。

⑤ 〔美〕迈克尔·波特：《国家竞争优势》，李明轩、邱如美译，华夏出版社，2002，第 118 页。

⑥ 〔美〕迈克尔·波特：《国家竞争优势》，李明轩、邱如美译，华夏出版社，2002，"再版介绍"第 8 页。

则的制定者和信息的发布者，而不再是决策的主角"。①

迈克尔·波特先生的上述观点，对于作为广告产业集群培育空间和平台的国家广告产业园建设，具有很强的指导意义。

6.2　国家广告产业园集约化发展不同阶段的主要任务与管理模式

国家广告产业园集约化发展是一个漫长的过程，不同的发展阶段有其不同的任务，也需要不同的资源配置以及管理模式，来保障其任务的达成。

如何划分产业园区的发展过程及其各阶段的任务等，不同的学者会有不同的考量，不同类型的产业园区也会有不同的划分方法。比如陈泽明先生就将产业园区的发展过程划分为初始、填充、集群关联和社会资本深化发展等四个阶段②。

根据一般产业集约化发展和国家广告产业园集约化发展的具体情况，本文把国家广告产业园的集约化发展过程划分为规划、批复、建设和运营四个阶段。

6.2.1　规划阶段的任务与管理模式

规划阶段包括战略规划和具体的广告产业园建设与运营发展规划两个环节。

6.2.1.1　战略规划环节

战略规划指建设国家广告产业园动议的决策，时间和数量目标、资源配置（资金、政策）及其方式、园区标准、扶持资金管理办法等的制定和决策。

这个环节主要是由国家工商总局承担的，具体任务落实在其广告监督管理司及其产业发展处。扶持资金管理办法使用的是《中央财政促进服务业发展专项资金管理办法》（财建〔2009〕227号）以及财政部办公厅与国家工商行政管理总局办公厅联合制定的《关于开展2012年现代服务业试点，

---

① 〔美〕迈克尔·波特：《国家竞争优势》，李明轩、邱如美译，华夏出版社，2002，第674页。

② 陈泽明：《产业园区建设理论与实践》，中国商务出版社，2013，第158～167页。

支持广告业发展有关问题的通知》（财建〔2012〕83 号）。

国家广告产业园建设的具体时间和数量体现在了《广告业发展"十二五"规划》中，即"到 2015 年，建成 l5 个以上国家广告产业园区"。实际的情形是到 2014 年 4 月，已经批复了 15 家"授牌园区"和 17 家"试点园区"，超额超时地完成了既定目标。

资源配置方面，计划 2011～2014 年内财政部拨付扶持资金 21 亿元，实际情形是 2011 年拨付了 3 亿元，2012 年拨付了 5 亿元，2013 年拨付了 7 亿元，2014 年拨付了 6 亿元。同时要求申报建设国家广告产业园的地方政府予以配套资金支持。政策方面，同样要求申报建设国家广告产业园的地方政府出台配套政策。

园区标准和管理办法是由国家工商行政管理总局办公厅于 2012 年 3 月26 日颁布的《国家广告产业园区认定和管理暂行办法》。

这个环节的任务由国家工商总局来承担，地方的园区选择、申报、资源配置等由地方政府和广告行业主管部门承担，属于政府完全主导的管理模式。

6.2.1.2　建设与运营发展规划环节

建设与运营发展规划环节指拟申建园区的选择、组织机构（投资、运营）建立、用地面积、建筑规划设计、环境规划设计、公共服务平台规划设计、发展规划、运营规划、配套政策、扶持资金、管理办法等。

其中，拟申建园区的选择、配套政策、扶持资金、管理办法等由各省、自治区、直辖市政府委托其办公厅和省、自治区、直辖市工商局来承担。拟申建园区的选择因为要考虑原有园区的基础、关联性、广告产业集聚地的基础条件以及与国家广告产业园批复标准的匹配程度，所以有地方广告产业客观性的制约。但是否选择以及相似者之间的选择，最终是由省、自治区、直辖市工商局和拟申建园区地方政府共同决定的，所以是政府主导完成的。配套政策、扶持资金、管理办法等，同样也只能由当地政府来承担。

组织机构、用地面积、建筑规划设计、环境规划设计、公共服务平台规划设计、发展规划、运营规划等，由投资方和运营方根据地方广告产业基础、广告企业经营管理特点、广告产业发展规律、广告市场需求、广告产业发展趋势、园区建造和运营的一般特点和规律、盈利模式等，经过综合考量而做出的总体规划，但也要得到地方政府、工商行政管理部门的认可并符合《国家广告产业园区认定和管理暂行办法》的基本要求。其中"园区建设和运营主体明确，具有独立法人资格，运营机制规范，管理制度完善，能够有效组织开展园区的管理和运营"的规定，要求园区必须有具有独立法人资格的建设和运营主体。这种具有独立法人资格的主体一定不是政府机构，而必须也只能是企业机构。

这个环节的任务是由政府指导和批准、由投资方和运营方具体实施的管理模式，政府的作用开始下降，市场的作用开始显现。

总体来看，这个阶段是政府在主导，企业在组建并按照要求承担园区建设和运营的具体规划工作。

6.2.2 批复阶段的任务与管理模式

批复阶段是将拟申建园区向国家工商总局申报，经由试点园区到最终的授牌园区的管理过程。

申报主体是省、自治区、直辖市工商局，经过当地政府批复后以文件形式上报国家工商总局。

申报过程是由省、自治区、直辖市工商局向国家工商总局提交一系列材料，包括拟申建园区的基本情况、建设和发展规划、组织机构、管理制度、配套资金和配套政策等。

审批过程是由国家工商总局及其广告监督管理司的相关领导，到拟申建园区实地考察，然后提出改进和规划建设的方向，待其基本符合《国家广告产业园区认定和管理暂行办法》设定的国家广告产业园标准时，以文件的形式予以确认为国家广告产业试点园区，并决定给予的国家财政扶持资金额度和年度拨付计划。国家广告产业试点园区经过一段时间的建设后，符合《国家广告产业园区认定和管理暂行办法》设定的国家广告产业园标准后再批复为"国家广告产业园区"，在每年4月的全国广告工作会议上正式授予牌匾。

国家广告产业试点园区中，2011年批复了9家，2012年批复了11家，2013年批复了9家，2014年批复了3家；在这32家国家广告产业试点园区中，2012年批复了9家、2013年批复了2家、2014年批复了4家为"国家广告产业园区"。

这个阶段，是政府完全主导的模式，主要通过国家财政扶持资金、国家级产业园区的品牌价值供给，驱动地方政府积极申报和建设国家广告产业园。从第四章提供的数据看，有限的中央扶持资金极大地推动了地方政府对于广告产业园建设的资金和政策支持。

6.2.3 建设阶段的任务与管理模式

建设阶段包括土地征用、建筑规划批复、建筑物建造、园区环境建造等主要的硬件建设；公共服务平台设备、软件等的购置、调试和启用，以及数据资料的购置和启用；组织机构、规章制度、工作机制等正式运行等三个环节，其建设目标是具备开园的基本条件。

这个阶段周期较长，因为涉及土地征用、建筑规划与审批、设备采购等需要一定时限的工作，所以，大都采用边建设边开园的方式进行。

这个阶段的任务是由投资方和运营方共同承担的，政府相关部门起着指导、督促、检查、评估、服务等作用，保证建设进度、扶持资金划拨和规范使用等，属于市场为主导、政府督导的管理模式。

6.2.4 运营阶段的任务与管理模式

这个阶段是在园区开园之后进入正式的运营时期，政府的扶持资金已经拨付完毕、扶持政策开始实施、企业入驻经营，并逐步显现出集约化发展效益的过程。

这个过程是长期的，也可能是曲折的，是集约化发展的漫长历程。这个运营过程的结果可能沿着既定的集约化发展路线顺利推进，也可能出现反复或者半死不活，甚至于趋于解体。这都取决于园区原有的资源禀赋条件、协调的社会资源、整体运营管理水平，尤其是政府和市场两种驱动力量的角色扮演。

这个阶段也可以大致划分为招商、调适和稳定发展等三个环节。

6.2.4.1 招商环节

招商环节是通过对外推广来吸引企业和支持机构入驻经营的重要环节，通常前推到决定建设国家广告产业园的决策做出之时，主要的招商工作集中在正式开园前后，并贯穿规划、建设和运营的全过程。这个环节是由运营方来承担的，通常政府部门、行业协会都会予以协助，比如参加招商会、邀请目标企业等。

6.2.4.2 调适环节

经营的压力、建设和运营的年度考核等驱动因素，使得园区在最初的招商中大都不注意按照既定的园区定位所设计的产业结构、企业结构、产业链、特色业态等来"选"商，而是来者不拒。这就造成了园区短时间内有一定数量的企业入驻，表面风光，但由此呈现出来的产业结构、企业结构、产业链、特色业态等就不一定符合当初的规划目标。

假如园区空间有限，这就极易造成目标企业无法进入、非目标企业无法迁出的困境，从根本上消解形成既定产业结构和产业链的基础，对于园区的集约化发展造成既成的困难。这种普遍存在的问题，就使得在运营的过程中如何调整入园企业结构成为园区面临的共性问题。

这个问题的形成既有政府行政性快速驱动的原因，也有运营方主要是其中的房屋租售方急于获利的原因。但不管什么原因，这种追求政绩与经济效益的短期行为，都使国家广告产业园的运营阶段多了一个事后难解的环节。

6.2.4.3 稳定发展环节

稳定发展环节是园区运营方运用各种集约化发展方式方法，逐步推进集约化发展的漫长过程。

从 32 家园区的实际情况来看，大体上都进入了边招商、边运营的阶段。

这个阶段的任务是由运营方作为园区的经营管理主体来承担的，政府除了保障各种扶持政策顺利兑现、不断地监督园区按照原初的规划正常运行外，主要是帮助运营方协调解决周边环境、入园企业经营和发展中面临的需要政府协调和处理的各种问题。市场主导、政府督导服务，应是这个漫长阶段的基本管理模式，可以称之为"国助企营"模式。但是在政府的扶持资金使用完结、扶持政策正常施行之后，园区能否建立起内在的维生和发展机制，是所有园区都面临的重大问题和严峻考验。

国家广告产业园集约化发展的各阶段划分、任务与相应的管理模式，总结如下（见表6-1）。

表6-1 国家广告产业园集约化发展各阶段、任务与相应的管理模式

发展过程		主要任务	管理模式
规划阶段	战略规划	标准、数量、规则等	政府主导
	建设与运营发展规划	地址、空间、定位、目标、管理模式等	以政府主导为主，企业参与为辅
建设阶段		申请、建造、招标、购买、调适等	政府督导-服务，企业主导
批复阶段		批复、认定、授牌等	政府主导
运营阶段		招商、调适、稳定发展等	以市场主导为主，以政府服务-督导为辅

6.3　运营阶段：由政府主导向市场主导的转变

国家广告产业园建设是实现广告产业由粗放型向集约型发展方式转变的政府行动，这种政府主导的园区建设模式在初期通过资金扶持和政策供给，使园区有了开园运营的基本条件，快速完成了广告产业的集中，为后续的集约化发展奠定了基础。那么，在运营阶段是否还能够依靠政府的主导作用来实现集约化发展呢？国家工商总局有关领导曾在2014年的园区会议上讲道："园区建设已经三年了，资金扶持已经结束，以后的路就靠大家了。"这实际上预示着国家广告产业园进入运营阶段后，政府主导的模式宣告终结，将由园区运营方主导园区的持续发展并实现既定的集约化发展目标。

6.3.1　国家广告产业园政府主导模式向市场主导模式转变的必然性和必要性

国家广告产业园初期的政府主导是加快中国广告产业发展方式转型升级的重要制度安排，有其必要性和必然性。而在运营阶段由政府主导向市场主导转变也有其必然性和必要性，这种必然性和必要性表现为：

6.3.1.1　政府主导建设的产业园区在运营阶段转向市场主导模式是园区发展的普遍选择

我国各类产业园区的建设大都是在政府推动之下实施的，带有鲜明的政府主导色彩，但在进入正式运营阶段后，政府的参与趋于减弱，运营方作为市场主体开始主导日常的经营管理工作。

运营方不管是国有企业或者是民营企业，都是市场主导的运营模式。许多国有企业的运营方通常还有一个政府序列的管理办公室，与国有企业两块牌子、一套班子，但实行的大都是企业化管理。

任浩先生等总结了我国产业园区30年的发展历程，认为传统的驱动模式是政策、行政力和硬基础的1.0版的三要素模式，而支撑未来发展则应是制度、融合化、软环境的2.0版的新三要素模式①。这也从一个侧面说明了这种转型的必然性。

---

① 任浩等：《2014中国产业园区持续发展蓝皮书》，同济大学出版社，2014，第1页。

6.3.1.2　国家广告产业园的运营方原本就是作为市场主体的地方企业

这是国家广告产业园认定标准的基本要求。运营方的这种特征必然要求国家广告产业园按照企业化的方式经营管理园区，而国家和政府的非企业性质就不能承担企业化经营管理的职责。

6.3.1.3　国家广告产业园只有按照企业化管理、市场化运营，才能形成内在的集约化发展动力和机制

政府是园区建设的外力因素和保障因素，而运营方则是建设和运营园区的主体，它必须遵循广告市场和产业园区的运营规律，才能形成内在的集约化发展动力和机制，从而顺利地推进园区的集约化发展。

国家广告产业园尽管是政府启动的产业发展项目，但它是介于企业和市场之间的一种高度组织化的产业发展形式，其内在逻辑仍然是经济活动，需要一整套适应产业发展的体制和机制来运行。

国家广告产业园不是毫无关联的企业集合，在一个个企业之上有一个协调服务的运营机构，对内承担服务、扶持、组织、激励等职能，而对外则代表整个园区与园外机构和个人交流合作，从而具有了企业实体特征。这种企业实体特征就要求国家广告产业园的运营机构必须企业化。

6.3.2　入园广告企业对于政府在国家广告产业园运营阶段的角色期望

在对 216 家入园广告企业的调查中，对于政府应该在国家广告产业园运营阶段扮演什么样的角色，集中在规范广告活动、政府广告招标采购和向企事业单位负责人提供广告培训等三个方面（见表 6 - 2）。

表 6 - 2　国家广告产业园入园企业对政府的期望选择比例

期望角色	规范广告活动	政府广告招标采购	向企事业单位负责人提供广告培训	提高公民广告素养
企业数量（家）	206	140	108	62
占比（%）	95.37	64.81	50	28.70

规范广告活动是政府本应履行的监管职责，而 95.37% 的期望选择，说明了政府在此问题上还需要更多的努力，以营造公正和谐的广告市场环境。

关于政府广告招标采购，包含了公益广告采购和国有单位（包括党政机构、国有企业）广告业务招投标两项内容，是广告企业重要的业务来源。64.81%的期望选择，说明了2/3的广告企业希望政府不仅要提供广告业务，还要规范这些广告业务的交易行为。

50%的向企事业单位负责人提供广告培训的呼吁，从某种程度上说明广告企业认为广告主作为广告业务和广告投资的提供方，其广告素养尚需提高。政府应该承担这种产业服务的公共职能，提高企事业单位负责人的广告素养，科学认识、评价和组织广告活动来服务于本单位工作的开展。这种提高对于增加整个企事业单位的广告需求量、促进双方的沟通协作、提出高水准的广告专业服务标准等，都具有重要的意义。而这些既可以增加广告企业的业务量，也有助于广告企业自身服务水平的提升。迈克尔·波特在考察美国广告产业发展时，曾谈道："美国投注于日用消费品产业上的广告量，可谓世界之冠，这也使得相关厂商成为广告服务的挑剔型客户……广告代理商更致力于发明传播媒体，建立了悠久的传统……强化了美国广告代理商的地位。"①

提高公民广告素养虽然只有28.70%的期望选择，但也说明广告行业与普通公民之间在广告专业认识上缺乏共识。而这种共识的缺乏，既影响到广告产业发展的社会环境，又制约了广告效果的达成，也有损于借助广告活动实现个人愿望的实现等。诚如陈刚先生认为的公众是影响广告产业发展的一个重要因素②。

这四个方面的期望选择，应该对于政府在国家广告产业园运营阶段的角色扮演，具有重要的启发意义。

6.3.3　政府在国家广告产业园运营阶段的角色扮演

陈塔先生认为"集约化经营的形成与发展，必须遵循市场规律，以市场法则作为推进的动力"，"强调集约化经营的形成和发展，要以市场的调节机制为主，不是说政府主管部门在这个过程中就无所作为，而是说应该把工作的重点放在引导、扶持和服务上，不要直接干预企业的重组组合"③。

---

① 〔美〕迈克尔·波特：《国家竞争优势》，李明轩、邱如美译，郑风田校，华夏出版社，2002，第254页。
② 陈刚：《发展广告学的理论框架与影响因素研究》，《广告大观》（理论版）2013年第1期。
③ 陈塔：《道路客运企业集约化经营思考》，《交通企业管理》2011年第12期。

结束了资金扶持和政策创新供给之后，政府在国家广告产业园运营阶段应该扮演什么样的角色呢？政府既不能缺位，也不能越位，更不能乱位，又将如何扮演适宜的角色呢？

6.3.3.1　政府在国家广告产业园运营阶段的角色选择

概而言之，就是由动议者、组织者、决策者的主导角色转变为服务者与督导者。

服务应是政府在这个阶段最主要的职责。这是因为国家广告产业园在实际运营的过程中，会遭遇到周边环境干扰、扶持政策执行不到位、原有政策的实际效应减低、原有管理体制和决策机制不适应、广告需求不足、市场环境不规范、从业人员和经营管理水平低下等问题。这些都需要政府进行创新、协调和支持，才能有所改进。

督导者是因为国家广告产业园接受了国家政策扶持资金，发展规划经过了政府的批复而实施，所以，政府还有监督扶持资金专款专用、国有资产保值增值、发展规划顺利实施的责任。特别是国家广告产业园初期的申报多受到国家扶持资金等的吸引，为了获批为国家广告产业园而制定的发展规划多有"高大上"的特点，而在获批后不一定就会按照当初的发展规划来实施，所以，督导以校正发展方向就是政府必须承担的职责。

督导者的职责还包括上级政府机构要督促政府相关部门真正履行各项政策的承诺，对政策的执行效果进行跟踪评估并据此做出调整和创新，以保持政策对保障和推动广告产业园区集约化发展的正面效应。

两者之间，服务第一，督导第二，缺一不可。

6.3.3.2　政府在国家广告产业园运营阶段的角色扮演方式

政府服务者和督导者角色的扮演，需要相应的举措来实现，总体来看，可以通过以下举措来进行。

第一，年度统计。年度统计在园区获批之后就已经实行，统计报表上报至国家工商总局广告监督管理司产业发展处，但目前存在统计报表上报不及时、上报数据混乱、不易核查等问题，致使难以做出全面准确的量化评价。

建立园区全面准确的过程性数据统计体系和数据库，不仅有利于政府和运营方实时动态地把握园区的集约化发展状态，据此做出政策、制度、行政等方面的创新供给，更好地服务于园区发展，还能够为专业的学术研究提供实证资料，从而获得专业的评价和认识。自1991年起，意大利国家统计局就开始建立产业园区统计制度，成为学者们探究意大利产业园区的重要资料来源，借助于学者的研究也使其蜚声全球。

第二，运营方代表年度实地考察。这是实施监督职责的重要方式。因为园区较多，如果都由国家工商总局来组织，势必耗费大量的人力财力和时间。较适宜的方式是年初在上年度统计报表上报后，组织若干个由运营方代表参加的考察小组，由国家工商总局有关人员带队分区域分类型同步分头进行。

第三，运营好全国国家广告产业园信息交流网。由浙江省工商局承担的全国国家广告产业园信息交流网，初步起到了收集刊发国内外优秀广告产业园区运营经验的效果。但还存在信息陈旧、信息量小等问题。

少部分园区还没有开通官方网站，这就更需要全国国家广告产业园信息交流网起到集纳刊发园区信息，促进交流互动等作用。

第四，推动国家广告产业园管理体制、决策机制、运营模式等的创新，以适应运营期发展的需要。在申报国家广告产业园时，申办方都成立了由政府主导的层层负责的领导小组等管理机构以及决策议事机制，但在申办成功后不仅多流于形式，有些也不再符合运营期的需要，应该积极主动予以创新设计，推动新的更加符合运营期发展需要的管理和运营模式。

第五，协助园区组织广告需求和广告服务对接活动。园区的可持续发展必须有稳定的广告需求，否则也是巧妇难为无米之炊。政府应该发挥行政职能，协助园区举办各种园区及其企业推介会、广告主与广告公司对接会、公益广告交流会等活动，既服务地方社会经济发展，又为园区企业经营提供业务支持。

政府应该转变行政管理和社会管理观念，有效地通过各种政府广告服务于各项工作的开展，使政府广告成为政府与社会沟通的常规方式，从而推动政府方针政策的顺利推进。

政府广告和国有企业广告的规范化招标活动，将为广告产业园提供稳定的业务来源。

第六，重视政策的针对性动态创新供给，提高政策的实效性。鉴于国家广告产业园之间许多方面发展的不平衡，以及一个广告产业园内产业间和产业内同样存在的发展不平衡，各级政府和广告行业管理部门，应基于运营期的发展特点和发展目标，创新原有的扶持优惠激励政策体系，使新的政策体系不仅适应运营期的发展需要，也能够适用于不同发展阶段和水平上的广告产业园及其产业的发展需要。

完善的政策体系应从财政政策、税费政策、土地政策、融资政策、人才政策、技术政策、创新政策、企业政策等供给层面，采购政策、展览展销扶持政策、广告行业组织支持政策、资质提升政策（国家广告企业资质认证、国家知名商标认定等）等需求层面来统筹考虑，力求为园区及其企业的集约化发展提供全面而必需的政策供给。

第七，举办旨在提高园区和入园企业经营管理水平的研讨会等。国家工商行政管理总局每年都在举办全部园区参加的现场交流会、培训班等研讨活动（2012年南京现场会、2013年杭州和成都现场会，2014年泉州和潍坊现场会，2015年上海嘉定交流会），许多园区也不定期举办各类论坛、沙龙等活动，对于提高园区和入园企业的经营管理水平起到了很大的作用。与建设阶段相比，在运营阶段会遇到更多的具体问题，举办的研讨活动不仅应该制度化，还应该提高针对性、操作性、前沿性。

第八，提高公民和企业广告素养。这是广告需求的基础。公民和企业没有足够的广告需求，广告产业就成为无米之炊，难以发展；没有科学的广告观念，广告产业的价值就得不到认定，广告产业自身也难以提高服务水平。政府应该采取有效措施，利用国家广告产业园的优质资源和政府可以调控使用的媒体等资源，开展针对普通公民，特别是其经营与广告关联度高的行业的广告知识普及工作。

第九，评估排名与公示。评估是全面考核国家广告产业园发展规划执行效果和发现存在问题的基本方式，至今只有国家工商行政管理总局在2014年2～3月组织过一次评估，并发布过评估报告。这是国家工商行政管理总局指导园区沿着正确方向发展的必要措施。通过评估不仅可以全面、宏观、结构化地了解32家园区的发展进度和建设效果，推介先进园区的有益经验，探讨解决存在的共性问题，还可以通过评估排名刺激后进园区加快整改和快速推进。

迄今为止，国家工商行政管理总局只进行过一次综合评估，在2014年泉州全国广告工作会议上公布了评估报告与园区排名，但评估结果与排名多被诟病。这是政府非常有效的一种管理方式，应该对于评估内容、方法、指标、时间、方式、人员等进行专题专业研究，使评估尽可能的科学化。评估结果与排名只要真实可靠，就可以在公开出版物或网站上予以公布，借以推动各园区对照检查存在的问题，采取提高排名的有效方法。

动态进出也是一种较好的评估管理办法。根据年度评审，不达标者降级。授牌园区降为试点园区，试点园区升为授牌园区，试点园区也可以降为省级园区。

第十，切实规范广告市场环境、园区环境、经营环境等，推进园区服务的标准化和制度化。这是政府的天然职责，是从建设期的主要以资金等生产要素投入为主转向运营期的发展环境服务转变的必然要求，应重点治理与国家广告产业园及其企业经营密切相关的广告交易、广告协作、安全、卫生、交通、金融服务、税务等事项，使国家广告产业园及其企业能够轻松、宽松、低成本、高效率地专注于广告服务和经营活动。

工商、税务、财政等政府相关部门，应围绕园区发展需要，制定和完善体系化的服务标准，提高服务水平和服务效率，减低园区企业的经营成本。

6.4 国家广告产业园市场主导模式的建立与运行

由政府主导向市场主导的管理模式转变是保障国家广告产业园顺利推进集约化发展目标的重大战略选择，那么，建立什么样的、如何建立、如何运行市场主导的管理模式，就是真正实现这种转变的具体工作。

6.4.1 国家广告产业园市场主导模式的内涵

市场主导的管理和运营模式指，以国家广告产业园运营企业为市场主体，按照广告产业和产业园区的运营规律，由运营企业独立自主地负责园区的日常经营管理工作，承担园区的广告公共服务和促进园区集约化发展的职能。

在这种模式下，运营方既负责国有资产的增值保值责任，自负盈亏地维持园区的正常运转，保障园区按照既定的发展目标逐步推进，又要履行好国家广告产业园应该承担的广告公共服务的职能。

与政府主导的管理与运营模式相比，市场主导模式凸显了运营企业的主体责任和按照市场规律、市场规则、市场机制来管理和运营园区的发展方式。

政府主导模式重在政府资源（资金、政策等）的有效供给和良好环境的营造，以建立国家广告产业园的基本运营条件；市场主导模式重在国家广告产业园进入正式运营阶段后，作为市场主体的运营方如何建立可持续性的集约化发展的内在动力和机制。诚如姚曦先生等所言"对于正遭遇低市场集中度和泛专业化两大现实困境的中国广告产业而言，实现内生型增长是解决困境的根本措施和长远之计"①。

市场主导模式的有效运行，最根本性的问题在于运营方要有专业化的广告产业园区运营管理能力②。这对国家广告产业园的持续性稳定发展至关重要。因为大多数国家广告产业园的运营方没有广告产业园的专业运营能力和经验，沿袭传统的工业园区既有的方式方法，往往事与愿违。

6.4.2　国家广告产业园市场主导模式的特殊性

国家广告产业园的创建是政府动议、决策和支持的产物，在具体的建设中还依照产业集群的标准要求广告行业协会等进入园区。即使在运营阶段实现了市场主导的管理和运营模式，包括国家工商总局，省、市、区政府，省、市、区工商局和园区所在地的政府和工商局，广告行业协会等也不会完全退出。所以，国家广告产业园的市场主导模式并非是运营企业完全独立自主地负责园区的运营管理，而是在政府、广告行业协会等的参与下，相对独立自主地负责园区的运营管理。这种特殊性，就使得国家广告产业园的市场主导模式具有了"多方辅助、市场主导"的特点。

国家广告产业园中，至少有西安、中原等一半以上的园区设立在国家或地方高新技术开发区，这些开发区既是一级政府，也有不同于其他市域行政区的国有经济实体性质。既是市场主导，也是国有企业主导。这就使这些园区的背后一直都有政府的影子。这也是国家广告产业园建设中市场主导模式的特殊性之一。

6.4.3　国家广告产业园市场主导模式的设计

6.4.3.1　建设期政府主导模式的机构设置

这种管理体制鲜明地体现了建设期政府主导的行政管理特色，有助于协调与聚合政府、行业、社会、市场等各种资源，快速启动园区的规划和建设（见图 6－1）。

6.4.3.2　运营期市场主导模式的机构设置

这种体制弱化了政府的直接干预，将政府、行业主管部门、行业协会、

---

① 姚曦、邓秋菊：《创意经济与中国广告产业的内生型增长》，《广告大观》（理论版）2010年第5期。

② 朱跃军、姜盼：《中国产业园区：使命与实务》，中国经济出版社，2014，第68页。

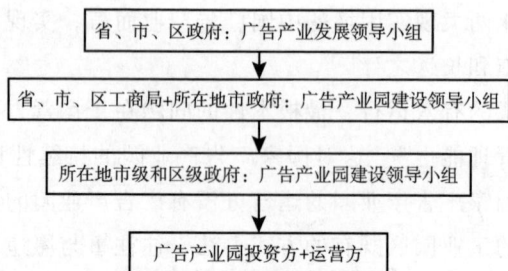

图6-1 国家广告产业园建设期政府主导模式下的机构设置

园区企业代表、运营方纳入一个协调服务机构中，有助于减少政府的过度干预，增强了综合协调服务和督导功能，既有利于广告产业园运营企业的独立经营，又能够发挥以省、市、区工商局为联席会召集人的政府、行业、企业等多方沟通、协调、服务、督促的作用，为园区的集约化发展出谋划策，保驾护航。（见图6-2）

图6-2 国家广告产业园运营期市场主导模式下的机构设置

6.4.4 国家广告产业园市场主导模式的运行机制

6.4.4.1 广告产业园服务协调联席会制度

广告产业园服务协调联席会由省、市、区工商局担任召集人，对上对接国家工商总局和省、市、区政府，负责会议的组织工作，了解各方意见和建议，协调解决园区运营中的各种难题，督促园区承担广告的公共服务职能。

联席会成员除省、市、区工商局有关负责人外，还包括所在地的地市级和区级政府、工商局的有关负责人，以及省市广告协会的负责人、园区代表性企业的负责人等。

联席会定期举行。如遇特殊情形，可有成员提出召集意向，经召集人征询全体成员1/3以上同意者，可以临时举行。

联席会形成的决议除了通报所有成员外，还要向省、市、区政府广告产业领导小组上报备案。

联席会形成的决议由召集人负责督促执行。

广告产业园服务协调联席会这种协调服务督促机制的建立，对于综合发挥和有机协调政府和运营企业的作用，快速推进园区的集约化发展，具有重要的保障作用。美国经济学家约瑟夫·斯蒂格利茨认为政府和市场"应被看做是互补性的，我们需要在二者之间取得一个平衡。这种平衡不应仅仅是给一个分配一些任务，给另一个分配另外一些任务，还应设计一些制度使两者有效地互动起来"。①

6.4.4.2 广告产业园运营企业的组成

32 家国家广告产业园运营企业的组成大体上可分为以下三种模式（见表 6-3）。

表 6-3 国家广告产业园运营企业组成模式

组成模式	代表性园区
民营企业独立运营	青岛、深圳、海口、泉州、福州、长春、昆明、包头、武汉
国有或集体企业独立运营	北京、中原、南宁、西安、大连、哈尔滨、沈阳、潍坊、南京、成都
民营企业与国有企业或集体企业合作运营	天津、温州、重庆、长沙

有 31% 的国家广告产业园由民营企业运营（但由民营企业投资的园区比例低于 31%，因为有的园区是政府投资建设后由民营企业负责运营事务），较易按照市场化的方式来运营管理。

但绝大多数园区都是由政府和集体的独资或与民营企业合资来运营的，如何切割政府和其下属运营企业的责权利关系，是关系到园区能否市场化运营的前提条件。目前大多采用的是在维持国有资产保值增值的基础上，自我经营、自我管理，维持园区的正常运转。

6.4.4.3 运营企业的五大基本职责

在运营期市场主导模式下，运营方承担了国家广告产业园集约化发展的主体责任，是国家广告产业园能否实现集约化发展最重要的责任主体。

具体来看，运营企业在这个过程中需要认真履行的职责有五个方面。

第一，根据国家广告产业园集约化发展的基本要求和本园区集约化发展的基本状况，制定和实施针对性的发展规划。

---

① 转引自林毅夫《新结构经济学——反思经济发展与政策的理论框架》，北京大学出版社，2012，第 58 页。

由于国家广告产业园各家园区在集约化发展方面的极大差异性和不均衡，各家园区实际上面临着不尽相同的集约化发展问题。运营方不能完全模仿先进园区的集约化发展经验，也不能一味地照搬产业园区集约化发展的一般方法，而是应该摸清本园区在集约化发展中的优劣短长，扬长补短，制定出符合自身实际，符合产业园区集约化发展规律的发展规划，并在执行过程中坚持不懈地向前推进。假以时日，就能够实现自身的集约化发展。

第二，充分利用好广告产业园服务协调联席会制度，集纳丰富的各种资源，服务于国家广告产业园的集约化发展。

广告产业园服务协调联席会和联席会制度，是服务于国家广告产业园集约化发展的基本的服务机构和服务机制，尽管联席会的组织者是省、市、区工商局，但其服务的对象是国家广告产业园，成立和存在的目的在于吸纳各方资源，集成于国家广告产业园的集约化发展。所以，园区运营方应该充分认识到联席会和联席会制度的重要性和必要性，积极主动地为会议的召开和连续性、为各方更好地发挥服务职能提供动议和服务，并将各种政策、决议的实施结果及时向联席会反馈，以求得调适和创新，更有效地促进园区的集约化发展。

第三，建立有效的盈利模式，维系国有资产的增值保值，维持园区各项工作的正常运行。

各家国家广告产业园都有中央和地方政府的巨额投资，也就承担有国有资产保值增值的责任。园区作为一个服务平台和管理与经营实体，还承担有面向园区内外的服务职能。如果没有有效的盈利模式，这些责任和职能就无法担当。所以，不管是国有园区、民营园区、国有与民营合作园区，或者是投资方与运营方分离的园区、投资方与运营方合一的园区，都必须建立起持续稳定的经营领域，获得良好的经济效益，从而为各项职能的履行提供资金保障。

第四，做好区域广告产业的公共服务，带动和促进区域广告产业的整体发展。

作为国家和政府的广告产业发展平台和国有资金的享有者，国家广告产业园承担的不仅是自身的集约化发展重任，还必须天然地承担起服务、示范和引领区域广告产业集约化发展的公共责任。这是国家工商总局和有关广告产业园文件中明确予以要求的。所以，运营方不仅要维系自身的良性运转和发展壮大，还要承担对于区域广告产业发展的服务、示范和引领作用。比如公众广告知识的普及和广告素养的提高，媒体和企事业单位广告意识、品牌观念、营销手段等的更新，广告教育的合作与改革，广告学术的推动与资助，区域间的广告交流与协作，区域丰厚资源的产品化、商品化、品牌化和产业化开发，等等，都是国家广告产业园运营方需要承担的区域广告产业发展的公共服务内容。

第五，维系园区的良性运转，促进入园企业的发展壮大，实现集约化发展的最终目标。

这是运营方最基础的职责所在，包括了丰富的服务内容，诸如目标企业和支持机构的引入，入园企业的稳定，产业结构、企业结构的调整，政府扶持优惠激励政策的切实履行，资质申报，知识产权保护，广告服务水平和经营管理水平提升，公共服务平台的正常运行，高级广告人才的引进，等等。

要维系园区的良性运转，运营方作为一家经营实体，本身必须具有先进的广告产业园经营管理理念、娴熟的广告产业园区管理手段、合理的机构设置、高水平的经营管理队伍、高效率的经营管理制度和运行机制等。

在 32 家国家广告产业园中，深圳园区和海口园区运营方的专业化水平较为突出。这两家园区都由深圳市灵狮文化产业集团有限公司运营。该集团成立于 2003 年，是国内最先致力于文化产业园区运营的专业化运营商，参与了 4 个国家级园区的运营管理。

6.4.4.4 运营企业的盈利模式

在问卷调查涉及的 14 家园区中，各个园区选择的盈利模式（见表 6-4）。

表 6-4 国家广告产业园盈利模式分类

盈利模式	经营实体	公共服务平台	税收返还	中介服务	租金
园区比例（%）	60	40	26.67	13.33	13.33

表 6-4 说明，大多数园区在园区内设立有经营实体，是利润的主要来源，其余依次为公共服务平台、税收返还、中介服务和租金。税收返还是地方政府的激励扶持政策，整体上针对园区运营方，个体上要返还到入园企业。但有一定的施行年限，通常在五年之内，大多数园区都是第一年地税全免，第二、第三年或者后四年减半，不是持续性的盈利来源，政府也不可能长期减免下去。因为运营方大多与投资方分离，租金就与运营无关，也难以成为大多数园区长期稳定的利润来源。

这样看来，国家广告产业园长期的可持续性盈利模式的建立，只能而且也必须依赖于自营的经营实体、公共服务平台和中介服务三项经营活动，在向园区内外提供高质量高效率服务和向市场提供满意的产品和服务的过程中，实现自身的持续盈利。

6.5　小结

国家广告产业园的建设与运营是一个持续不断的过程，大体可以分为建设期和运营期，不同的发展阶段有不同的重点任务，也需要匹配适宜的运营管理模式来保障。所以，走过建设期的国家广告产业园就必须实现管理模式的战略转变。

建设期的政府主导模式，既有在吸取以往失败的政府缺位广告产业发展模式的基础上，国家广告产业制度创新供给的成果，也有启动和促动国家广告产业园建设快速发展的必要性与必然性。因为以前的广告产业发展实践证明，在中国的广告市场上，要实现广告产业的集约化发展，没有政府的参与和推动，是无法实现的。但这并不意味着政府主导模式需要贯穿在国家广告产业园建设与运营的全过程。

无论从产业园区的实体性质，还是从产业园区运营的一般模式和经验来看，进入正式运营期的产业园区，要获得内在的集约化演进动力并形成自我驱动的发展机制，政府主导模式向市场主导模式的战略转变，同样具有必然性和必要性。

在实现了运营管理模式战略转变的国家广告产业园集约化发展的过程中，政府职能的非主导并不意味着完全退位，而是转变为服务与督导的角色，既服务于园区的企业化经营管理，也督促其承担广告公共服务职能，沿着集约化的既定正确路线顺利推进。在这个阶段，政府服务于园区发展的方式主要是组织和运用好广告产业园服务协调联席会，真正落实并创新持续的扶持政策等。

作为运营期国家广告产业园集约化发展的责任主体，在政府扶上马又全程护驾的背景下，运营企业在充分用好扶持优惠政策的基础上，必须寻找到稳定持续的盈利模式，才能有效地促进广告企业的发展壮大，才能够承担好广告的公共服务职责，推动园区及其入园企业顺利地实现集约化发展的目标。这种园区自我维生机制的建立和有效运行，将是国家广告产业园大多数园区面临的严峻考验。

第七章

構建完善的產業鏈:國家廣告產業園
集約化發展的路徑之一

国家广告产业园的集约化发展是一个持续演进的过程,需要系统化的发展路径予以保障。根据一般产业的集约化发展路径和国家广告产业园集约化发展现状的分析,国家广告产业园的集约化发展,在实现由政府主导向市场主导 - 政府扶持的战略转变的前提下,集中优化资源配置,通过搭建完善而有特色的产业链、扶持重点业态、壮大龙头企业、培育广告产业集群等四种路径来实现(见图 7 - 1)。

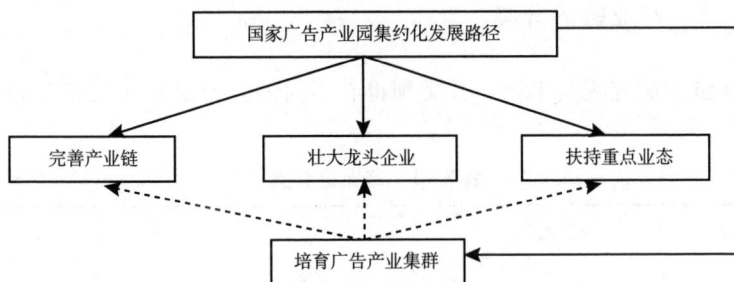

图 7 - 1　国家广告产业园集约化发展路径

7.1　广告产业链

完善而富有特色的产业链是国家广告产业园提供高效率、高水平广告服务的基本生产条件，也是集约化发展的规模基础、结构依托和效率保障，因而是重要的产业发展基础和生产组织形态。

7.1.1 "产业链"的含义

产业链的思想萌芽虽然源于英国经济学家马歇尔关于企业协作的论述，但其概念却是 20 世纪 80 年代之后中国经济学家在研究区域经济和农业经济发展时提出来的，随后扩展到了其他产业和产业集聚领域。

刘尔思先生认为，产业链是与产业集聚同时并存的生产组织方式，是"在产业集聚内形成的某种内在联系的企业集群和与这些企业集群相关联的资源与产品（服务）之间的衍生关系，以及由这一衍生关系链接的产品关系、供应关系、价值关系等"[1]。芮明杰先生则认为"产业链是以生产某一种最终用途的产品和服务为导向，由所有相互联系、相互依赖、彼此之间具有供求关系的生产和服务环节构成"。[2]

根据这些对产业链的表述，完整的产业链应由上游产业链、下游产业链、侧翼产业链和主体产业链组成。

一个产业园区可能只有一条完整的产业链，也可能仅有完整产业链中的某些链条，还可能是多条产业链构成的纵横交织的生产网络，以此来保障高效率地生产产品和提供优质服务。

7.1.2 产业链的分类

产业链的研究视角不同，其类别也有不同的类型划分（见表 7 - 1）。

表 7 - 1 产业链分类

提出者	分类视角	类别划分
蔡宇[a]	生产要素的聚集性	关键资源；关键技术；生产和服务提供过程；产品和服务的市场
李心芹等[b]	供求依赖程度	资源导向型；产品导向型；需求导向型；市场导向型

---

① 刘尔思：《关于产业链理论的再探索》，《云南财经大学学报》2006 年第 3 期。
② 芮明杰主编《产业经济学》，上海财经大学出版社，2012，第 105 页。

续表

提出者	分类视角	类别划分
刘富贵等[c]	作用范围	宏观产业链（全球产业链、全国产业链）；中观产业链（区际产业链）；微观产业链（区域产业链）
	企业间关系	技术推动型；资源带动型；需求拉动型；综合联动型
	龙头企业地位	王国式产业链；共和式产业链；联邦式产业链
	形成机制	自组织的产业链；他组织产业链

注：a 蔡宇：《关于产业链理论架构与核心问题的思考》，《统计与决策》2006 年第 9 期。
b 李心芹、李仕明、兰永：《产业链结构类型研究》，《管理科学》2004 年第 4 期。
c 刘贵富、赵英才：《产业链的分类研究》，《学术交流》2006 年第 8 期。

对于国家广告产业园建设来说，第一步就是如何聚集广告及关联类企业，因而无论是以"关键资源"、"关键技术"，或者是"生产和服务提供过程"、"产品和服务的市场"来聚集生产要素，形成产业链，都是可以选择的方式。比如以媒体资源形成广告产业链、以客户资源形成广告产业链、以广告交易平台形成广告产业链等。

在交通和通信不发达的时代，宏观产业链，甚至区际产业链都无法满足广告生产的需要。但在航空、高铁、家用轿车，特别是互联网、移动互联网高度发达的当下，无论是属于宏观产业链的全球产业链、全国产业链，或者是中观产业链、微观产业链，都可以介入广告生产的过程中。产业链的这种空间划分和认识，对于国家广告产业园产业链的建构与完善，无疑具有重要的启发意义。

国家广告产业园是他组织的区域广告产业集聚发展空间，产业链的建构与完善整体上是一种他组织行为，但在集约化发展的过程中必须向自组织演进，才能够形成自我聚集、自我维系、自我优化的广告产业发展有机体。

7.1.3 广告产业链的特殊性

广告产业产品的生产和服务具有一定的特殊性，其产业链也相对复杂，这些都使国家广告产业园的产业链建设具有了不同于其他产业及其产业组织的特点。

广告产品的生产和服务具有无形性，不一定必须在一个空间内完成，当下发达的交通、物流、通信和网络技术又消弭了异地合作完成广告产品和服务的距离成本、时间成本、交流成本。这就使得在一个广告产业园内不一定非得具有完整的产业链才能完成广告的产品生产和服务。产业链理论主要针对于实体的工业产品的生产和销售，广告产业园区的产业链搭建不能完全照搬传统的产业链理论。什么样的广告产业节点企业愿意入驻园区，取决于在该园区能否实现广告产品生产和服务的高效率、业务和利润的最大化。

广告产品的生产和服务具有分割性、整体性和整合性。分割性和整体性是指广告市场调研和数据产品、广告文案产品创作、广告文本作品设计制作、广告作品投放等，既可以独立或组合销售，也可以以整体方案和服务的形式整体销售，特别是广告发布平台大多不在广告产业园内，这使得广告产业链的完整既不可能也无必要。整合性是指广告产品和服务向数字整合营销传播的扩展，更使得一个广告产业园不可能仅仅搭建广告产业链，而是数字整合营销传播服务的产业链，换言之，包括了数字整合营销传播服务的复合型网状广告产业链。

广告产品的生产和服务还由于互联网化和数据化而出现重心的改变。传统的广告产品生产和服务，建立在有限的信息资源占有和开发的基础上，广告活动的重心是全过程中的中间结点创意策划，这是传统广告生产价值最大的产业节点。但在互联网及其衍生品大数据的驱动下，广告活动的重心由唯一的创意策划节点，转向与前端的大数据信息资源开发节点并重，从而使广告活动建立起自己的科学性与策略性。这种转向就使得广告产业链的前端关于大数据信息资源开发企业的重要性陡然提升。

广告产业的这些特殊性，对于国家广告产业园的产业链建设具有重要的影响。

7.2　国家广告产业园产业链建构的基本原则

产业链建设对于国家广告产业园集约化发展至关重要，而广告产业的产业链又具有特殊性，这就要求在搭建产业链的过程中应遵循一定的原则。

7.2.1　以需求为导向的原则

产业链是服务于高效率地提供高水平产品和服务的生产组织方式，而一定的广告产品和服务与一定的广告市场需求结构和需求量相联系。广告产业园作为区域广告生产和服务中心，有一定的市场半径，以满足这个市场半径内的广告市场需求而存在。所以，什么类型的企业能够入驻园区，就取决于这个园区提供什么类型的广告产品和服务来满足一定市场半径内的广告市场需求。围绕着这个市场半径广告需求的产品和服务的生产，聚集起来的企业就形成了一定特色的产业链。如果需求不足，企业业务量有限，那么，围绕这些广告业务生产的企业聚集的动力就不足，即使以优惠政策强力引入，也难以持久。

7.2.2 以网状结构为基础的原则

产业链一般都是围绕最终产品的生产而线性链接的，但是由单纯的广告传播向数字整合营销传播的拓展，使得广告最终产品的生产，还需要同样属于营销服务范畴的市场研究、公共关系、直销、会展、活动等企业，以及大数据生产与服务企业的参与，亦借助侧翼或横向产业的辅助才能完成数字整合营销传播方案的设计和执行。这种由广告的专业链条、营销链条和大数据链条等交织构成的数字整合营销传播产品生产和服务的产业链，就呈现网状的特征。换言之，广告产业链的设计和建构，是包括了广告专业产业链、营销产业链、大数据产业链的网状复合结构。

7.2.3 以园区为主体的原则

如上所述，广告产业园的产业链不一定要纳入所有的产业链条，这既不符合广告产品和服务的信息产品特性、非实体移动特性，也不适应园区有限的空间条件。支撑广告或整合营销传播产品生产和服务的企业，不一定都要聚集在广告产业园内，而是应该着力引入能够提供有一定市场需求量的广告产品和服务的企业，据此构成完整的广告产业链的主体节点，也使广告产业园成为完整广告产业链的主体所在。这样的产业链既可以满足广告市场的需求，又可以使这些节点企业获得一定的业务量，还是形成特色业态的基础。

7.2.4 补充完善的原则

中国广告产业向来单打独斗，基本上属于单一性的一对一交易，即使广告主和广告媒体的广告招投标也不具备普遍性。这种多方集中交易的中间市场的缺乏，使得广告企业和广告主同时存在着交易的高成本和低效率。国家广告产业园的开建，有可能通过建立专业和综合性的广告交易平台来破解这个积弊。而广告交易平台是广告产业链中最易于形成产业聚集的节点。

对于改建型广告产业园，补充完善必需的产业链条也是一种必要。因为调查发现，60%的园区是由其他园区改建或者与其他产业整合而成的，客观上会缺少某些必要的产业节点，比如广告交易机构、广告数据库、影视广告拍摄设施、人才交流机构等。

7.2.5　顺应数字化变革的原则

数字技术、数字媒体、数字传播等重构了广告传播和广告活动的旧有模式，也冲击着广告产业链的固有格局。国家广告产业园作为具有区域和行业示范责任的产业中心，既应当顺应这种变革，还应当成为这种变革的先行探索者。这就要求重视和加大广告产业链中数字化企业节点，推动园区广告产业的数字化转型升级。比如中原广告产业园的产业链条中，就聚集了大量的互联网企业、电商企业等。

7.3　国家广告产业园产业链建构的意义

7.3.1　国家广告产业园的产业链构建状况

产业链一直是国家广告产业园建设中重要的基础性问题，但实际的建设状况并不尽如人意。

2014 年 4 月国家工商行政管理总局组织的广告产业园区建设和运营专家评估组提交的《广告产业园区评估报告》，列举的六大成就和四大经验中没有提及产业链问题，但在九大问题中提及了"部分园区业态杂糅，广告产业链结构混乱"，认为"园区如何正确地理解跨界整合中广告产业链的界限，设定自身产业链条的长度和宽度，亟待进一步深入思考"①。这说明国家广告产业园的产业链建设还存在不少问题。

7.3.2　产业链搭建对于国家广告产业园集约化发展的意义

产业链与产业集聚、产业集群、产业园区具有非常密切的关系。任浩先生等围绕产业园区的成长机制，提出了园区发展的"三聚"理论，即"聚

---

① 国家工商总局广告产业园区建设和运营专家评估组：《广告产业园区评估报告》（2014 年4 月）。

核"、"聚链"、"聚网"，所谓"聚链"就是聚合主导产业链①。芮明杰先生
在谈到产业扩张（通过生产要素的投入而扩大产业规模或提高产业素质的
过程）时，认为有基于比较优势和竞争优势的扩张、基于产业集群的扩张、
基于产业链的扩张等形式②。由此可知，产业链不仅是产业园区的生产组织
基础，是产业园区集约化发展的产业组织形式，更是产业园区提高规模化水
平的重要路径。

具体来看，产业链对于国家广告产业园集约化发展的意义主要表现在：

第一，可以聚集更多的企业，增强产业园的整体规模。

完整的产业链需要广告生产全环节企业的参与，因而可以聚集更多的企业
进入产业园，不仅增加入园企业的数量规模，还可以增强产业园的经济规模。

第二，可以完善企业类型，促进产业园的产业结构合理化。

客户的广告需求既有完整的广告运作全案的要求，也有对于不同节点服
务的要求（比如有的广告主仅仅需要拍摄电视广告片，有的仅仅需要广告
的代理投放，有的仅仅需要获得一条易于传播的广告口号等）。完整的产业
链黏结了广告生产过程中的所有节点，使得广告客户的专案与全案广告需求
都有了对应服务的企业。

第三，深化分工，提高专业化水平。

完整的产业链有助于广告企业的分工深化，从而有助于提高广告的专业
化服务水平，解决广告产业长期存在的泛专业化的难题。

第四，可以降低交易成本，提高园区企业的运营效率。

产业园区的一个鲜明特点就是产业运行高效③，其高效的形成有赖于产
业链的完善与聚集。产业链完善并聚集在一个园区，不仅可以缩短交流、交
易的时间，还可以减少交易成本，从而提高运营效率。

第五，满足客户的多样化广告需求。

不少园区提出了向广告市场提供一站式服务的目标，使任何一个具体的
广告服务需求都能够在园区内得到满足。这就需要有各种各样的广告产品生
产与服务环节上的企业入驻园区，如果没有完善或完整的产业链，就无法满
足这些多样化的需求。

---

① 任浩等：《2014 中国产业园区持续发展蓝皮书》，同济大学出版社，2014，第 12 页。
② 芮明杰：《产业经济学》（第二版），上海财经大学出版社，2012，第 96 页。
③ 朱跃军、姜盼：《中国产业园区：使命与实务》，中国经济出版社，2014，"序"第 5 页。

7.4　新建型国家广告产业园的产业链建构模式

国家广告产业园的形成基本上可以分为新建和改建两种类型，其产业链的搭建与完善，也需要寻找相对应的不同的构建模式。

新建型国家广告产业园，既不同于自然形成的广告产业集聚区，也有异于改建型国家广告产业园，它的产业链建设在初期主要是依据运营方基于区域广告禀赋和市场需求设计的业态定位，通过招商的方式引入企业等机构而构建形成的。

根据产业链建设的基本原则和新建园区的特点，新建型国家广告产业园的产业链建设模式主要有空间模式和聚集模式。

7.4.1　产业链的空间模式

因为广告产品和服务具有非实体性，广告产业链绵长而复杂，广告产业园空间有限，所以，在空间布局上应有更为灵活的构建方式（见图 7 - 2）。

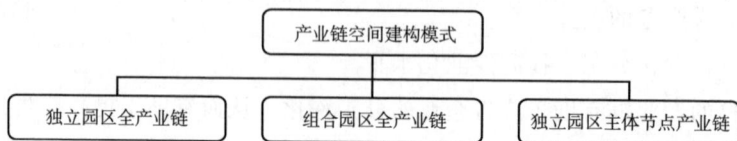

```
                    ┌──────────────────┐
                    │  产业链空间建构模式  │
                    └──────────────────┘
          ┌───────────────┼────────────────────┐
  ┌──────────────┐  ┌──────────────┐  ┌──────────────────┐
  │ 独立园区全产业链 │  │ 组合园区全产业链 │  │ 独立园区主体节点产业链 │
  └──────────────┘  └──────────────┘  └──────────────────┘
```

图 7 - 2　国家广告产业园新建型产业园区产业链的空间模式

7.4.1.1　独立园区的全产业链

如果广告产业园拥有足够的空间，可以容纳足够多的企业，就可以组织全产业链的企业入驻，形成以产业园为空间平台的综合型广告产业联合体。

针对 14 家园区运营方的调查发现，有 31.25% 的园区搭建的是这种模式，占比不到 1/3。这至少说明独立园区的全产业链模式并不具有普遍性。

7.4.1.2　组合园区的全产业链

如果广告产业园空间有限，就无法容纳太多的企业，形成全产业链较为困难。在这种情况下，可以通过密切与相邻广告产业园区、邻近广告企业的交流、协作和交易关系，形成组合型全广告产业链。这种模式适合一个城市内部通过设立一园多区来实现，或者在一个省域内由若干个地市广告产业园区组合而成。

针对 14 家园区运营方的调查发现，搭建这种模式的园区占比 25%。这么低的比例是否就说明这种模式是不可行的呢？从理论上讲，这种模式是适宜的。因为任何一个国家广告产业园都有既定的空间制约，要形成全产业链，就必须走组合之路。实际存在的比例过低，一方面说明一个城市的广告资源禀赋并不丰厚，还没有形成多个广告产业园并存的格局，另一方面说明在国家广告产业园之下的省级广告产业园、市级广告产业园的建设上，或者在邻近区域设立国家广告产业园分园的工作上还没有进展。

7.4.1.3　独立园区的主体节点产业链

如果小型广告产业园邻近没有可以协作的广告产业园或广告企业，那么，全产业链的组织就无法实现。这样，就只能依靠广告产业园的现有产业链条节点，打造主体节点型产业链。

缺失的广告产业节点可以通过与异地城市的广告产业园和广告企业协作来弥补，也能够伴随着主体节点市场影响力的提升而吸引其他节点企业向产业园及其周边地区自然聚集，为形成全产业链奠定基础。

针对 14 家园区运营方的调查发现，搭建这种模式的园区属于主流模式，占到了 43.75% 的比例。因为大多数国家广告产业园只有一个独立的地理空间，产业链的构建只能依托自身的现实基础，在主体节点上下工夫。

7.4.2　产业链的聚集模式

聚集模式是以什么样的方式聚集要素来形成国家广告产业园的广告产业链，具体的聚集模式见图 7-3。

图 7-3　国家广告产业园新建型产业园区产业链的聚集模式

7.4.2.1　节点式聚集

节点式聚集是以首先引入某个或某些广告产业节点为聚集要素，吸引广告产业的其他节点向园区汇聚，最终形成较为完善的广告产业链。

比如以引入广告媒体企业为聚集要素，吸引媒体代理、广告制作等企业入驻以形成产业链。再比如以引入创意设计企业为聚集要素，吸引广告物料、广告制作、媒体代理等企业入驻以形成产业链。

节点式聚集的关键是所选择的广告产业节点要有一定的数量规模、经济实力和广告市场影响力，这样才能够吸引其他广告产业节点企业。

7.4.2.2 轮轴式聚集

轮轴式聚集是以一个或几个大型骨干广告企业为主体，吸引小型或专业化广告企业与其形成分工协作关系的产业链条。

以总部型广告企业为轴心形成产业链。总部型广告企业指广告企业总部设在产业园，在其他区域设有综合性或专业性分公司，总部既负责所有分支机构的宏观管理，也承担具体的广告业务经营。这类企业在广告市场有一定的品牌效应，可以吸引其他广告企业入驻，还可以与其他企业形成协作关系。

以全案型广告企业为轴心形成产业链。4A 公司需要综合的广告服务能力，虽然中国的广告企业一般不具备这种能力，但广告主都期望着能够获得一揽子的广告服务。那么，以全案服务为架构和经营定位的广告企业，只要有一定的品牌影响力，就能够依托产业园专业分工的广告企业向广告主提供全案服务。

7.4.2.3 平台式聚集

产业园和市场驱动的产业集聚区一个重要的差别和优势，就是要规划和配套建设尽可能完善的广告公共服务平台，从而降低企业运营成本，提高企业运营效率，又能够获得平台本身的规模化经营效益。

同时，这也是吸引企业入驻而形成产业链的重要途径。交易平台、大数据平台、制作平台、交流平台、培训平台等，都是构建产业链的有效方式。

7.4.2.4 综合性聚集

综合性聚集是统合运用节点式、轮轴式、平台式聚集方式来快速构建产业链的方式，可以短时间内形成产业链和产业规模。

7.5 改建型国家广告产业园的产业链完善模式

改建型园区原有一定的产业基础和产业链形态，这既是构建产业链的优势，也可能是劣势。如果原有基础符合广告产业园的业态定位、广告产业特性等，这就是良好的基础条件。但是，如果原有基础不符合广告产业园的业态定位、广告产业特性、广告市场需求等，这就成为产业链构建的障碍因素。不管哪种情况，都要依照广告市场需求等，通过针对性的选商、招商的方式和一定的政策供给来调整原有产业链。

改建型园区除了搭建与新建园区相同的空间模式外，主要通过以下三种方式来完成广告产业链的完善。

7.5.1　以原有关联产业为基础完善产业链

改建型园区原有的关联产业，比如动漫产业、营销咨询产业等，既是国家广告产业园的规模化基础，也是完善园区广告产业链的客观基础，是完整的广告产业链网络中的侧翼产业链，对于广告产业提供数字整合营销传播服务具有辅助作用。这些关联产业应继续维系并发展壮大，但产业链完善的中心工作应该是着力吸引能够与这些关联产业形成紧密协作关系的广告节点企业入驻园区，逐步形成完善的广告产业链。

7.5.2　以原有广告产业节点为基础完善产业链

改建型园区不仅会有关联产业，还会有广告产业上的某些节点，也具有了一定的规模化基础和市场影响力，是完善广告产业链可以依托的广告产业基础。

比如某广告产业园是在原来的广告材料市场的基础上改建的，产业链的完善首先就从广告材料研发、广告制作开始，进而引入策划创意企业，形成简单而完整的传统广告产业链。

再比如某广告产业园原有的产业链节点主要是互联网类企业，那么其产业链完善的方向就应该是增加前端的大数据企业、主体节点的策划创意企业等，从而向能够提供数字整合营销传播服务的产业链形态演进。

7.5.3　通过顶层设计、选商招商形成完善的特色产业链

如果改建的园区既没有一定规模的关联产业，也没有一定基础的广告产业节点企业，那么，这类改建园区就可以通过全新设计完善的产业链形态，选择符合产业链要求的企业类型，予以有吸引力的扶持政策和有效的成长机制，吸引这些企业入驻园区。

在具体的选商过程中，要努力克服几个问题。第一个问题是某企业尽管属于广告类企业，而且规模较大，可以提升园区的总体规模化水平，但是只

能够在园区注册而难以迁入办公。这类企业除了可以贡献园区经营额外，从产业链的角度就没有吸引入驻的必要，因为它无法真正介入园区内的协作中。

第二个问题是某类企业尽管是园区广告产业完整链条中的必备节点，但业务量并不大，现有企业数量和服务能力已经能够满足园区广告企业提供特色广告产品的需要，就没有必要再引入同类企业。

第三个问题是当园区的产业链是以某些广告产业节点为主体的特色产业链，并没有更多的空间容纳新企业时，比如产业园的主体广告产业节点是大量的小型农化产品影视广告制作企业，园区的写字间加上附近的居民楼都被这类企业和关联类企业所占据，那么，产业链的补充就没有空间保障，就只能维系和强化这种特色化的产业链形态。

7.5.4　通过制定新规则限制或劝退某类企业

改建型园区原有的企业类型不会都适合广告产业链的建设要求，比如某园区的小商品生产与销售企业等，与广告产业关联性较低，也无法融入广告产品和服务的提供上。对于这类企业，园区运营方应该出台一些针对性的新规则、新政策，予以限制、制约或劝退，为完善广告产业链腾出必要的办公空间。这些政策主要是针对不符合产业链要求的产业和企业，不能享有普惠的扶持政策，办公场所租期结束后可以通过不再续租、提高租用门槛（提高租金、提高入驻的经营额标准、提高企业资质条件等）的新政策，限制某些产业和企业继续入园经营，"腾笼换鸟"。因为不少广告产业园的空间有限，如果不能让这些不符合产业链要求的企业退出，就不能引入完善产业链的产业或企业入驻，搭建理想产业链的目标就无法完成。

7.6　小结

完善的广告产业链是国家广告产业园高效率、低成本提供优质广告产品和服务的企业类型结构和组织方式，对于实现集约化发展具有基础意义。不管是新建或者是改建的广告产业园，都可能因为对房屋租售利润的渴求以及政府对园区尽早开园运营的行政驱动，在广告产业园最初的招商中有一定数量不符合产业链建设目标的企业入驻，从而造成产业链的混乱等问题。所以，通过有效的针对性的政策供给，不断地调适和优化产业链，是两类园区共同面临的长期问题。

　　新建型国家广告产业园的产业链建设模式主要有空间模式和聚集模式。空间模式包括了独立园区全产业链模式、组合园区全产业链模式和独立园区的主体节点产业链模式三种类型，分别适应于大型园区和小型园区。而聚集模式解决的是如何形成完善的广告产业链，它主要通过节点式、轮轴式、平台式和综合式等四种方式来实现。

　　改建型国家广告产业园是园区中的主流，其完善产业链的方式主要有以原有关联产业为基础完善产业链、以原有广告产业节点为基础完善产业链、通过顶层设计选商招商形成完善的特色产业链和通过制定新规则限制或劝退某类企业等四种方式。

第八章

扶持重点业态：国家广告产业园
集约化发展的路径之二

在绵长而复杂的广告产业链条中，在由众多广告企业、关联企业、支持机构等构成的广告园区产业生态中，存在着新旧不一、优劣并存的业态结构，在向集约化发展的过程中起着不同的作用。而其中的重点业态起着特别重要的作用，需要着力配置优质资源，以扶持这些重点业态的成长，为园区的集约化发展发挥示范、引领和支柱作用。

8.1 国家广告产业园扶持重点业态的意义

8.1.1 业态含义辨析

"业态"一词源于日文，最早出自日本专家对于零售业态的论述，指的是零售企业为满足不同的消费需求进行相应的要素组合而形成的不同经营形态，后扩展到大多数产业领域，但对其的概念表述和理论研究仍较为滞后。

王国平先生认为"所谓'业态'，可从'业'和'态'两个视角去观察：前者为产业，后者为形态。因此，业态的理性判断应视为产业活动的存在形式，或类型、状态"①。伍业锋先生认为"产业业态，是指（某项）产业的产业组织或产业活动单位的生产经营活动的组织形式和运作形态，是产

---

① 王国平：《业态与现代经济发展》，《科学发展》2012 年第 5 期。

业的实现形式或存在形式"①。

在关于业态的诸多文献中，既有生产方式的分类，也有经营方式的分类，还有提及了产业融合，特别是"互联网＋"的业态创新等。综合这些论述，可以发现所谓业态，其主体包括了企业和产业组织，其内容是指企业的生产经营方式和产业组织的存在方式。不同的业态会呈现不同的生产与运营效率和运营效益，也适应于不同的市场需求。业态的演变，大致受到技术因素、需求因素、制度因素和社会因素的综合影响而不断地变化着。

关于业态的分类，从行业角度可以分为商业业态、房地产业态、旅游业态，等等；从产业链的角度可以分为研发业态、生产业态和营销业态②；根据新旧变化，可以分为传统业态和新兴业态；从生产、服务效率和效益的角度，可以分为高级业态和低级业态；从业态演进的角度，可以分为业态重组、业态融合、业态创新等；从在产业链中的地位，可以分为重点业态和一般业态。

8.1.2　广告业态

根据上文关于"业态"含义的辨析，所谓广告业态可以表述为：广告产业的服务形态和组织形态。

就广告产业的服务形态而言，从服务内容上，广告业态可以分为专门型广告公司、多种服务型广告公司、整合营销传播公司、数字整合营销传播公司；从广告服务的重心上，广告业态可以分为以策划创意为核心的广告公司、以大数据分析与应用为核心的广告公司等。

从产业组织形态上，广告业态可以分为广告公司联盟、总部型广告公司或者独立业态、依附业态、融合业态等。

8.1.3　国家广告产业园的重点业态

参照上文对于业态和广告业态的一般研究，"国家广告产业园的业态"概念可以简单地表述为：广告产业园内产业间的关系状态和广告产业内广告企业进行广告研发、广告生产、广告经营、广告管理、广告服务的不同内容和形态。

---

① 伍业锋：《产业业态：始自零售业态的理论演进》，《产经评论》2013 年第 3 期。

② 王国平：《业态与现代经济发展》，《科学发展》2012 年第 5 期。

在国家广告产业园所有的入驻企业、服务机构等构成的产业整体中，那些对集约化发展具有重要支撑和影响，符合广告客户广告需求，顺应了广告产业转型升级的基本趋势，又有一定的产业规模基础和比较优势的业态，可以称之为重点业态。

不同的国家广告产业园由于区域广告产业资源、广告产业基础、园区定位等的差异，应该选择不同的重点业态予以倾力扶持，以形成园区的业态主体和集约化发展的主要支撑。

8.1.4　国家广告产业园扶持重点业态的意义

集中资源扶持重点业态是产业集约化发展的基本方式，也是国家广告产业园集约化发展的重要路径之一，其重要意义表现在如下方面。

第一，集中优质资源于重点业态是产业集约化发展的基本要求。集约化发展一方面缘于资源的稀缺，另一方面缘于资源的节约使用，把有限的资源配置在重点业态领域，符合集约化的本意。

第二，重点业态的扶持可以快速形成产业规模。完善的产业链因为关系紧密的诸多企业的集中而形成总体上的产业规模，并支撑广告生产与服务的高效率和高水平。但由于其中不同的广告业态在基础、潜力等方面的差异，不意味着都可以形成规模化。所以，必须选择其中的重要业态作为重点业态加以培育，形成产业链中的规模化业态节点，从而支撑整个园区的规模化发展。

第三，重点业态的扶持可以优化产业结构。在园区整体的业态构成中，应形成优势业态和新型业态为主体的理想的业态结构，才能带动园区的整体发展和转型升级。这些优势业态和新型业态就是需要倾力扶持与培育的重点业态。

第四，重点业态的培育可以提高园区的运营效率，把资源集中配置在有一定规模基础、发展潜力和成长性的重点业态领域，要比普惠于所有的业态当中更可能获取良好的运营效益。

第五，重点业态的扶持是园区定位的具体化和实践化。清晰的定位是对于国家广告产业园建设的明确要求，而业态定位是园区发展定位的核心，也是形成核心竞争力和比较优势的基础。业态定位不仅要解决业态结构问题，更要解决重点业态的选择、组合与培育问题，才能使园区定位落到实处。

第六，重点业态的扶持是园区业态创新的实现过程。在数字技术、市场需求、政府倡导等的综合推动下，业态创新成为广告产业转型升级的主渠道。而承担有引领和示范责任的国家广告产业园，理所应当地成为广告业态创新的试验场，并借助于广告的业态创新实现自身的集约化发展。重点业态的特征之一就是符合广告产业转型升级趋势的新型业态，所以，重点业态的扶持与培育过程就是业态创新的过程。

8.2　国家广告产业园扶持重点业态的现状分析

为了了解各家国家广告产业园扶持重点业态的实际情况，本书设计了针对 14 家园区运营方的调查问卷，其现况分析如下。

8.2.1　各家园区都有明确的重点业态

关于重点业态的调查发现，各家园区都有明确的重点业态。

这说明各家园区都认识到了扶持重点业态的意义。这就为重点业态的快速成长建立了客观的基础，也为广告资源的优化配置选准了方向和对象。

8.2.2　各家园区选择重点业态的主要依据是符合广告产业集聚规律

如图 8-1 所示，各园区选择重点业态的依据比例从高到低，分别是符合广告产业集聚规律、国家提倡、资源禀赋丰富、业态原有基础条件好。

其中的符合广告产业集聚规律是共选项，它说明各家国家广告产业园在重点业态的选择上，普遍看重能否入驻园区，能否在园区入驻之后吸引关联企业和要素聚集，表现出明显的产业园区运营的功利性和实效性。

另外三个因素的选择比例不到 50%，但却是与重点业态更有逻辑关系的因素。资源禀赋丰富，才有可能形成规模化的重点业态。原有基础好，才有可能快速形成规模化的重点业态。国家提倡的重点业态一定是符合广告产业战略转型升级方向的新型业态。

这两种反差说明大多数国家广告产业园对于重点业态本身的研究并不充分，还没有从专业的角度来思考广告产业园的重点业态问题。

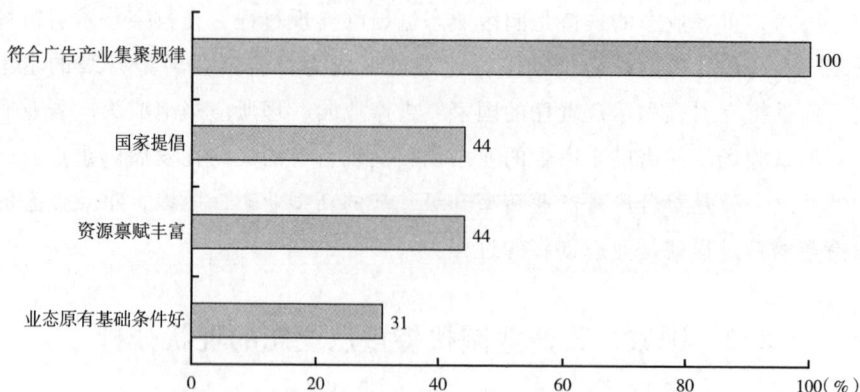

图 8 - 1　国家广告产业园各园区重点业态选择依据比例

8.2.3　各家园区选择最多的重点业态是广告与文化创意产业的融合业态

如图 8 - 2 所示，按照选择比例多少排序的重点业态分别是广告与文化创意产业融合业态、以互联网为主体的业态、以广告媒体为主体的业态、广告与企业总部区的融合业态、广告与营销公共关系等产业的融合业态、广告与时尚商业的融合业态、广告与旅游业的融合业态、以广告制造业为主体的业态。

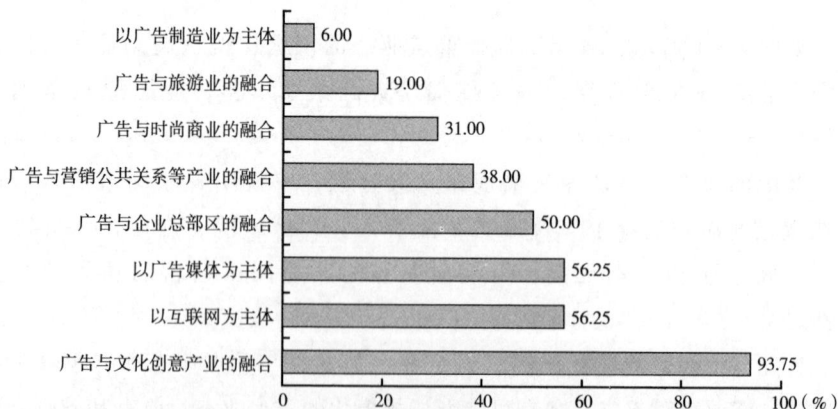

图 8 - 2　国家广告产业园各园区重点业态选择比例

由此可见，各家园区较为重视融合业态、依附业态和新媒体业态。融合业态符合广告服务的整合化、广告产业园的聚集特点和广告产业的文化创意特征。依附业态符合广告产业围绕广告媒体或品牌广告主聚集的规律。新媒体业态符合国家提倡的业态创新、广告产业演化升级的趋势和广告客户对于数字营销传播庞大的新需求。

8.2.4 各家园区扶持重点业态的举措最多的是特惠的入驻和扶持政策

如图 8 - 3 所示，各园区选择扶持重点业态举措的比例从高到低，分别是特惠的入驻和扶持政策、专门化的服务部门、提供相对独立的办公空间、向广告客户重点推介、专人服务。

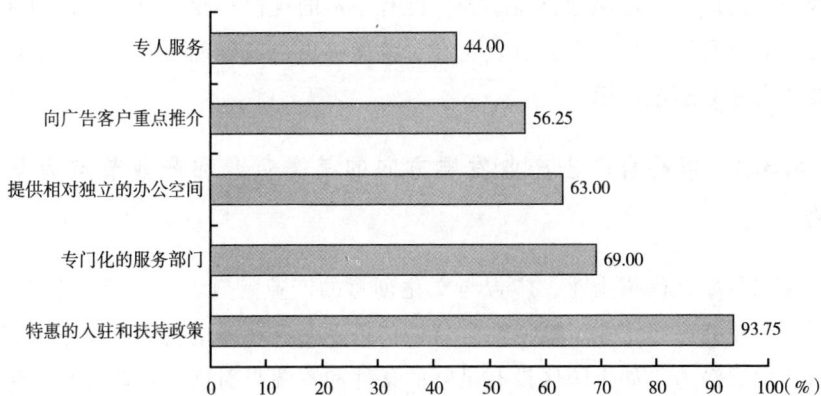

图 8 - 3 国家广告产业园各园区重点业态扶持举措比例

这虽然说明各家园区扶持重点业态的重心还在于优惠扶持政策，但可喜的是超过一半的园区选择了专门化的服务部门、提供相对独立的办公空间、向广告客户重点推介等三个制度化、规范化的举措。

8.3 国家广告产业园重点业态选择的基本方式

从上述调查不难发现，尽管各家园区都知道扶持重点业态的重要性，并都有确定的重点业态，但在重点业态的选择上考虑最多的是聚集企业而非符合广告产业的固有特点或演进规律。事实上，只有两者的有机结合，才能够选择出既有利于企业聚集，又符合广告产业规律的重点业态。具体来讲，国家广告产业园重点业态选择的基本方式有以下四种。

8.3.1 以改建园区原有较好基础的业态为重点业态

在改建园区的基础上建设国家广告产业园，是不少园区的演进模式。从重点业态的角度看，改建的过程也是一个不同业态取舍的过程，还是一个不同业态的轻重服务过程。那么，选择基础厚实的业态加以扶持，不仅形成重点业态的时长会缩短，也会降低扶持成本，提高资源配置的效率。

通过这种方式选择重点业态的园区，比如中原园区的动漫、品牌舆情分析与广告推送、互联网等新媒体，无锡园区的互联网，深圳园区的新媒体，长沙园区的广告与传媒融合业态等，已有一定的规模和竞争力。这些园区基础较好的原有业态被确定为重点业态，就能够更快地显现出对于园区集约化发展的支撑和示范作用。

8.3.2 以符合广告产业发展方向的某类企业和产业节点为重点业态

比如程序化购买企业、广告与文化创意的产业融合、专门化广告企业、整合营销传播广告企业、数字整合营销传播企业等。但这些重点业态尽管有无限的发展潜力，如果园区没有足够的条件和资源吸引这类企业入驻，特别是有限的资源不能够很好地配置于这些企业，辅助它们快速发展壮大，最终也难以形成有实际经济贡献的重点业态。

某家广告园区投巨资建设了 1000 平方米以上的摄影棚，欲打造区域影视广告拍摄与制作中心。但是运营方无一人能够使用这些设备，更不用说了解影视制作市场，摄影棚的使用和维系都是难题。

8.3.3 以有利于园区形成独特竞争力的业态为重点业态

比如青岛园区的微电影广告业、泉州园区的"创意办公、艺文活动、个性购物、休闲娱乐"的混合业态等，都是致力于园区独特竞争力锻造的初衷而择定的。

无锡园区以互联网产业将广告产业、电子商务产业、动漫游戏产业、动画产业、数字出版产业、文化科技产业等融合聚集，形成互联网＋大文化创意产业的特色业态。互联网广告产业的知名企业有 CNTV、天脉聚源①、海创新媒体②等；电子商务产业的知名企业有腾讯买卖宝、拉卡拉、信用行、九樱天下等，移动互联产业的知名企业有艾德思奇、矽鼎科技、智感神舟等。这也是从有利于园区形成独特竞争力的角度选择重点业态的范例。

8.3.4　以满足区域广告市场需求为目标的重点业态

尽管我国是一个开放的广告市场，但是有全国影响力的广告产业园区也集中在北京、上海和广州地区，其他地区的国家广告产业园区主要是通过服务于地方经济发展和毗邻地区的广告市场而获得发展的。所以，绝大多数国家广告产业园都应以满足区域广告市场需求为目标来择定重点业态。

比如昆明园区面向东南亚广告市场的国产电视剧译介播出与广告发布合作经营服务业态，海口园区的以旅游、热带农业产品为特色的广告蓝＋绿服务业态，陕西广告产业园的中亚市场金融、媒体、广告服务融合业态等，就是这种重点业态择定方式的代表。

8.4　国家广告产业园重点业态的扶持办法

扶持重点业态已是各家国家广告产业园区的共识，如何扶持重点业态就成为国家广告产业园集约化发展路径中的核心问题了。结合其他产业、其他类型的产业园区、国家广告产业园的重点业态扶持状况等情况，重点业态的扶持主要通过以下方式来实现。

8.4.1　通过政策倾斜扶持重点业态

针对入园企业，地方政府和运营方都应出台有关扶持优惠奖励的普惠政策。但如果园区的资源都经由这些普惠政策惠及了所有的企业和业态，政策的效果就会被稀释，也与集约化的本意——资源的集中投入相背离。所以，在符合集约化规律的前提下，园区各种资源的配置既要有一些普惠的政策，更要有针对重点业态的特惠政策。只有通过这种政策倾斜、特惠和集中使用，才能够体现出集约化的意义和价值，人为选择的重点业态也才能够演进

---

① 总部设立在北京，2009 年入驻无锡园区，是全球最大的中文电视及视频搜索平台。
② 该公司致力于数字新媒体自主技术开发、新媒体内容创意制作和新媒体数据挖掘等。

成为实际上的重点业态。

事实上，广告产业既有本产业领域的扶持优惠政策，还因为属于文化产业、现代服务业的重要组成部分，所以能享受惠及文化产业和现代服务业的各种优惠政策，实现既有各种优惠政策的集成使用。

为了推进融合型重点业态的发展，壮大园区的产业规模，各项扶持优惠政策也应该惠及文化创意、传媒业等与广告融合发展的其他产业。只有这样，融合型重点业态才能够获得整体上的协调同步发展。

国家广告产业园扶持重点业态的政策举例如下。

《江苏省人民政府办公厅关于促进广告业又好又快发展的意见》：支持新媒体广告有序发展。充分发挥网络广告等新媒体的技术和传播优势，鼓励加大新媒体广告投放数量，降低投放成本、提高投放精度、扩大覆盖范围，提升数字媒体广告的市场贡献度。加强对新媒体广告的引导、服务与规范管理，帮助新媒体广告企业加强品牌建设，不断提高全社会对新媒体广告的认知度和认可度。加快广告新材料、新技术、新载体的研发和应用，做好户外广告监管与服务保障系统的协调、衔接，支持对户外广告运用数字技术进行改造提升。

长沙天心国家广告产业园：设立文化总部企业入驻奖。注册入驻文化企业系世界 500 强企业中国总部、区域性总部及国内 100 强企业总部、区域性总部的，且自建或购置办公用房面积 2000 平方米以上的，按 300 元/平方米的标准给予购房补助，最高不超过 300 万元。若奖励金额高于受奖企业当年实缴税收区级所得，可分年兑现，兑现期不超过三年，每年兑现奖金以当年实缴税收区级所得为上限。

8.4.2 通过特定空间聚合重点业态

园区作为广告企业发展的聚集发展空间，有一个各类产业、各类业态、各类企业、各类机构的整体布局分配问题，既适应不同类型用户的办公经营特点，又有利于相互间的交流协作。就重点业态而言，它是由若干不同的产业或同类企业聚集而成的一种产业生态，应有相对独立的办公经营空间，既便于管理也有利于其内部的交流协作，从而加快成长的步伐。

8.4.3 通过园区平台为重点业态招徕需求

园区运营方是园区入驻企业利益的集体代表者，对外代表所有入驻企业开展活动。所以，应该充分利用园区平台的品牌价值和行业影响力，组织政府、企业等广告需求方到园区参观考察、与广告企业互动交流、发布广告招标信息，定期组织广告招投标活动。

在这个问题上，特别是应该研究区域广告的特色化需求，以此为服务对象来形成重点业态。这种方式既可以形成特色化的重点业态，获得稳定的业务来源，又可以满足区域广告需求，推动区域社会经济发展。比如中原园区的农化产品广告制作、海口园区的绿色（热带农产品）＋蓝色（海岛旅游）广告服务等。

8.4.4　通过持续性的整合营销活动推广重点业态

单一重点业态的对外推广，不仅成本高，也形不成集群影响力。运营方应该和政府、行业组织等一起来为重点业态的对外推广提供服务。比如组织推介会、发布推介广告、开通推介网站、向业界和学界重点介绍等。

比如北京园区对拥有重点业态的企业，不仅在上市时给予400万元的补贴，还通过多种方式积极对外推介。北京园区的联动文化（北京）有限公司，从原有的单纯的LED制造商，转型为以LED入股、与城市媒体合作经营广告投放业务的新型业态，实现了自身经营与业务形态的华丽转身。北京园区运营方不仅给予优厚的政策扶持，还将其作为对外推介的重点企业。

8.5　小结

重点业态的扶持是要将园区的优质资源配置到核心业态、新型业态等，并促使其向实际的广告市场强势地位转化，形成园区的产业特色和广告服务的核心竞争力。国家广告产业园需要重点扶持的业态，主要集中在数字广告企业（特别是基于大数据为调研、策划和创意手段的广告企业）、专门化企业、全案型整合营销传播企业和融合型业态、依附型业态等方面。重点业态的扶持，侧重的不是这些业态中的企业个体，而是政府，特别是运营方要通过扶持优惠激励政策、专人服务、需求供给、整合推广等手段来服务和推动这些业态企业的总体。如果说针对所有入园企业提供的是普惠的扶持政策，那么，针对重点业态提供的就是多于或优于普惠政策的更为丰富优质的政策供给。

第九章

壮大龙头企业：国家广告产业园
集约化发展的路径之三

国家广告产业园集约化发展的具体承担者是入驻园区的企业，无论是产业链或者是重点业态，都要由一个个企业来扮演。在这些众多的企业中，有限的资源不可能普惠到所有的企业，而只有集中配置于对整个园区的集约化发展起着支撑和引领作用的龙头企业，才是集约化的发展方式，也才有可能获取更高效的集约化发展效益。

9.1　国家广告产业园龙头企业界定

9.1.1　"龙头企业"的含义

"龙头企业"的概念源于农业的产业化发展，后被引入第二产业和第三产业。虽然常常被提起，但是对于龙头企业的理论研究却是不充分的。

什么是龙头企业呢？学者们的界定并不多。

吴金明先生将其定义为"面向终端市场，提供完整（或整体）功能产品与服务，市场份额居同行前列，且符合引领行业价格、引领行业技术创新、制度与管理创新三个引领条件之一的企业"[①]。

还有学者认为"龙头企业是指在一个产业共生的群落中，具备国际或

---

① 吴金明：《"龙头企业"、"产业七寸"与产业链培育》，《中国工业经济》2007 年第 1 期。

一国产业主导权、拥有强大的产业组织能力的跨国公司或企业集团"①。

百度百科将"龙头企业"解释为"在某个行业中，对同行业的其他企业具有很深的影响、号召力和一定的示范、引导作用，并对该地区、该行业或者国家做出突出贡献的企业"。

9.1.2 龙头企业的作用

从上文对于"龙头企业"的含义界定来看，其对于区域、集群或产业园区的集约化发展具有多方面的重要作用。

一是示范、引领、带动作用。

这是龙头企业最重要的作用，它在产品开发、生产管理、技术进步、新技术应用、市场营销、品牌建设、社会责任等方面，为其他企业树立模板，引导其他企业成长和发展，从而带动整个行业的产业升级。

二是聚集成群的集群化作用。

龙头企业因其卓越的影响力，会吸引其他企业向其迁移、集中或结成紧密的协作关系，进而发育成为轮轴式产业集群，获取集群效益。

三是集成创新的作用。

龙头企业的先进性和较高的利润水平，会吸引政府扶持、优质生产要素汇聚等，促进优质资源的集中优化配置，有利于提高创新效率和成功率。

四是产业集约化发展的作用。

产业集约化的三个重要指标规模、结构和效率的实现与龙头企业都有直接的关系。

产业规模化建立在企业规模化的基础上，龙头企业的特征之一就是市场占有率位居同行业前列，所以是产业规模化发展的主体支撑。王为东先生等通过对苏南特色产业基地的实证研究，发现"龙头企业平均规模越大，集群研发投入越多，集群创新绩效也越好"②。

有一定规模的龙头企业也是优化产业结构，提高市场集中度的主要依托。

---

① 四川省工业经济发展研究中心：《四川省产业园区集中集群集约发展评估及发展研究》，西南财经大学出版社，2015，第 31 页。

② 王为东、陈丽珍、胡绪华：《龙头企业数量特征对集群创新绩效影响的实证研究》，《科技进步与对策》2013 年第 24 期。

各种优质资源向具有多方面示范引领作用的龙头企业汇聚，资源配置的效率会更加显著。

9.1.3　龙头企业的作用机制

吴波先生等通过对于浙江省三个产业集群中 163 家中小企业的实地调查，发现只有同时与龙头企业具有较高社会邻近和认知邻近的本地中小企业，才能享受到显著的带动作用。社会邻近主要指不同企业的员工之间通过流动和非正式沟通，可以促进知识溢出。认知邻近是指集群中的龙头企业与认知距离较小的企业之间容易形成知识溢出。吴波先生等认为，社会邻近能够决定龙头企业知识溢出的意愿，而认知邻近则决定中小企业能否利用龙头企业先进知识的能力①。

龙头企业的这种作用机制特别适用于以中小企业为主的广告产业及其区域性园区的发展。

9.1.4　龙头企业的形成机理

龙头企业是如何形成的呢？这对于思考如何壮大龙头企业至关重要。

徐元国先生在研究了产业集群中龙头企业的形成机理后，提出了"合作·竞争·联合"、"合作·联合"、"竞争·联合"和"综合式"等四种主导模式，认为政府在引导龙头企业集团组建中应该做好的工作，主要包括"引导企业由合作走向联合"、"强化集群的开放性"、"鼓励与支持措施要有针对性"②。

这些形成机理对于国家广告产业园龙头企业的培育具有重要的指导意义。

9.1.5　国家广告产业园的龙头企业确定

壮大龙头企业就要明确国家广告产业园的所谓龙头企业应该具有什么样的特点，具体的数量如何来确定等问题。

首先，确定国家广告产业园龙头企业的基本标准。这些标准包括以下六

---

① 吴波、杨菊萍：《区域龙头企业的知识溢出与本地中小企业成长——基于浙江省三个产业集群中小企业调查的实证研究》，《科学学研究》2008 年第 1 期。
② 徐元国：《集群企业网络演进与龙头企业集团的形成机理》，《经济地理》2010 年第 9 期。

个方面。

第一，应该是广告类企业，不能是关联类或辅助类企业。比如应该是广告研发企业、广告材料设备制造企业、大数据服务企业、广告创意设计企业、广告媒体代理企业等，而不能是公共关系企业、营销咨询企业、动漫企业、演艺企业等。否则，就难以引领和示范本园区以及本区域广告产业的发展和转型升级。

第二，应该是总收入中广告经营收入占比在 2/3 左右，或者 70% 以上（这些数值比照《农业产业化国家重点龙头企业认定和运行监测管理办法》农经发 [2010] 11 号），主业、主要收入都应该是广告经营。

第三，应该是年营业额在 800 万元以上（类似于规模企业标准）。产业集约化的一个重要指标就是企业要有一定的规模。

第四，应该是在国家广告产业园内有一定数量又稳定的上游和侧翼产业节点的业务合作客户。这既体现出龙头企业在园区内的引领作用，又反映园区产业链的完善程度。

第五，应该是集约化经营管理水平和广告服务水平较高，业态先进。这样的企业才会有标杆和示范作用。

第六，应该是符合数字化时代广告产业转型升级的趋势。数字化广告服务是广告产业转型升级的必然选择，这样的广告企业才会有发展潜力和未来，也是园区广告产业高级化的重要支点。

基本符合上述六条标准的广告企业，就可以被认定为园区的龙头企业。比如北京广告产业园的联动文化（北京）有限公司，以城市户外 LED 数字大屏媒体广告为主营业务，建立了覆盖全国的城市地标广告联播网，实行与当地客户合作建网、合作经营、风险共担、利润共享的经营模式，三年间营业额从 6000 万元飙升至 3 亿元。这样的企业不仅符合数字化广告的发展趋势，而且业态先进，规模较大，具有高速成长性，理所应当地成为了该园区的龙头企业。

其次，确定龙头企业与全部企业的数量关系。

一个园区资源有限，但是产业链却较为复杂，各个园区的广告产业基础又参差不齐，那么，多少家龙头企业或者多大比例的企业可以认定为龙头企业呢？这是一个比较复杂的问题。

王为东先生等通过对苏南特色产业基地的实证研究，发现"龙头企业相对数比其绝对数对集群创新绩效的作用更为显著；龙头企业绝对数及在集群内的比重并不是越大越好；相反，龙头企业占比越小，集群研发投入和创新绩效越好；龙头企业平均规模越大，集群研发投入越多，集群创新绩效也越好"①。

就国家广告产业园来讲，龙头企业的数量同样不宜太多，并且要考虑到企业之间在广告经营上的差别，一类企业内部最好认定 1~2 家。

北京国际广告传媒集团（简称"京广传媒"）就是北京园区引入的龙头企业。该集团是北京市"十二五"重点文化产业项目，由北京市委宣传部直接管理，注册资金 1 亿元，力求开展广告产业全产业链业务，发展成为具有国际影响力的国有大型广告企业（见图 9-1）。这类企业应是较为理想的龙头企业。

图 9-1　北京国家广告产业园的龙头企业（摄影：颜景毅）

9.2　国家广告产业园壮大龙头企业的现状分析

经过几年的发展，国家广告产业园壮大龙头企业取得了哪些进展呢？还有哪些问题呢？下面将根据 14 家国家广告产业园的实际调查予以分析。

---

① 王为东、陈丽珍、胡绪华：《龙头企业数量特征对集群创新绩效影响的实证研究》，《科技进步与对策》2013 年第 24 期。

9.2.1　大多数园区认识到了壮大龙头企业的重要性

针对 14 家国家广告产业园运营方的调查发现，75% 的园区有明确的龙头企业培育计划，同时还有 25% 的园区没有明确的龙头企业培育计划。这说明龙头企业培育对于园区集约化发展重要性的认识，已得到了绝大多数园区的认可。

9.2.2　实力强是各家园区选择龙头企业最看重的标准

图 9 - 2 表明，各园区选择龙头企业的标准，依次为：实力强、广告服务特色鲜明、服务领域有发展前景、有上市的基础条件。前三条标准的选择比例较为接近，但"有上市的基础条件"选择比例较低，这应该与各园区之间的大型企业的规模差异有关。

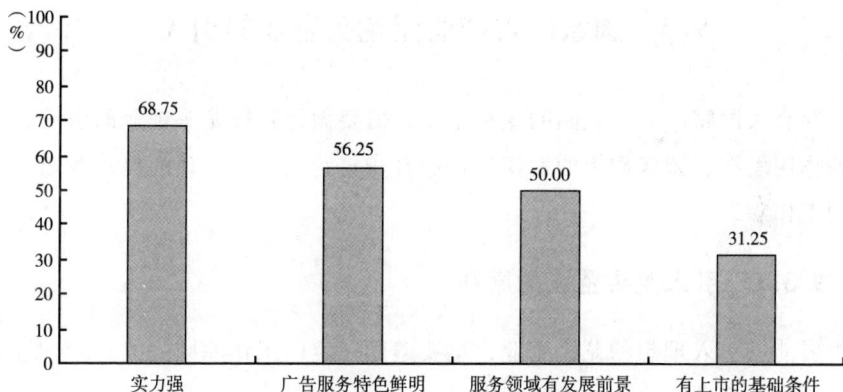

图 9 - 2　国家广告产业园各园区龙头企业选择标准比例

9.2.3　各家园区壮大龙头企业最重要的措施是加大扶持优惠政策

图 9 - 3 表明，各园区采取的培育龙头企业的举措依次为：扶持优惠政策、推举龙头企业代表担任行业组织负责人、专人服务、安排龙头企业参加行业会议。除了"扶持优惠政策"这个举措选择比例较高外，其他举措都较低。这说明，目前各园区培育龙头企业的方式总体上还依赖于政府和园区运营方出台的各种扶持优惠激励政策，还没有形成系统化的培育龙头企业的有效举措。

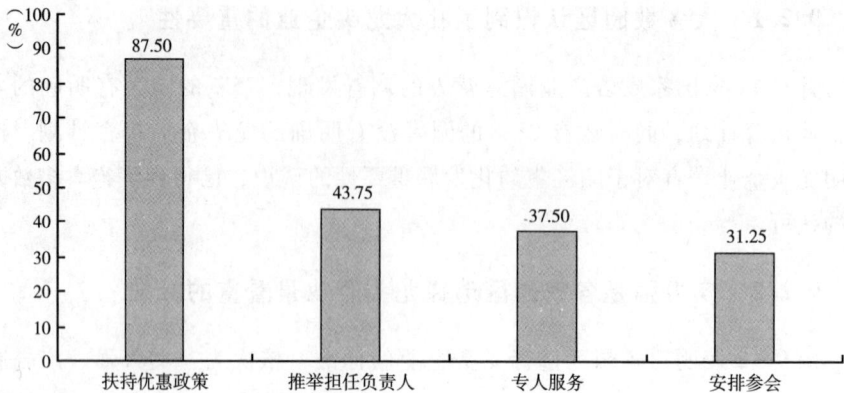

图 9 – 3　国家广告产业园各园区龙头企业培育举措选择比例

9.3　国家广告产业园龙头企业的引入

要壮大国家广告产业园的龙头企业，需要做好目标龙头企业的引入、政府的作用发挥、园区作用的发挥和企业自身集约化经营管理的提高等四个方面的工作。

9.3.1　引入龙头企业的原则

要能够引入理想的龙头企业，就要遵循一定的工作原则。

一是符合龙头企业的主要标准。

因为龙头企业是实现园区集约化发展目标的主体企业依托，随后的培育过程也会集中配置优质的资源，所以，要引入的目标龙头企业必须严格按照前述标准来衡量，不一定完全具备六条标准，但要符合大部分条件才可以确认。不符合标准的企业引入后，不但浪费有限的资源，还存在"请神容易送神难"的尴尬局面。

二是目标龙头企业有入驻园区的可能性。

国内外的知名广告企业，以及区域内的大型广告企业，符合龙头企业标准的企业也许不少，但是不一定都愿意入驻园区经营。比如存在员工生活、交通、居住等问题，存在距离广告客户较远、产业链配套不足、目标客户较少等问题，都有可能造成目标龙头企业不愿或无法迁入。

比如某广告公司总体实力位居该省首位，但因本地客户大多位于园区相反的方向上，距离太远，服务不便，虽经多方动员最终也没有入驻。

三是园区能够为目标龙头企业的发展壮大提供切实有效的服务。

园区尽管在政府的扶持下建设了公共服务平台，但也不是目标龙头企业发展中需要解决的所有问题都能够予以支持，因为园区自身的公共服务平台不可能面面俱到而又卓有成效，比如有的是影视广告制作平台强，有的是大数据服务强，有的是广告供需对接服务有优势等，而有的园区可能办公空间不适合大型企业使用，有的可能是附近或配套的员工住宿条件有限等。

园区应该理性地把握自己真正能够为目标龙头企业的上市、集团化、融资、高级人才引进等提供哪些切实有效的服务。不然，招来之后，即使入驻，最终也会使企业失望而离去。

四是引入工作要循序渐进，逐步增加。

目标龙头企业的引入不可能一蹴而就，应该根据了解的目标龙头企业的实际情况和园区建设和服务的进展情况，一步步地引入。短期或一次性引入太多，也会给园区的服务能力、资源配置等造成压力。

9.3.2　引入龙头企业的方案设计

引入龙头企业是招商工作的重点，应该提前进行认真细致的筹划，做出可操作性的方案。

首先，要有一个招商或重点招商的部门，全力负责引入龙头企业的工作。大部分园区没有明确的招商或重点招商部门，这就会影响招商的效率。像泉州、重庆园区都有专门的招商部门来负责企业引入。园区应该成立龙头企业招商的专门部门或小组，由园区负责人直接牵头管理，以提高引入效率和成功率。龙头企业招商的专门部门或小组要分工明确，责权利清晰，管理严格，考核规范。比如西湖园区做出的招商工作计划，按照承担者、时间进度、工作内容等予以细化、具体化和文本化，打印上墙，每天督察推进。

其次，是选择目标龙头企业名录。可以通过大型广告主、广告公司、媒体、广告协会等关联单位的推介，也可以通过查阅中国广告协会发布的广告企业资质名单、各类广告公司评选的获奖名单等渠道，了解目标龙头企业的大致情况。另一种方法是将拟引入的龙头企业条件等信息通过园区官网、广告行业网站、地方媒体予以告知，吸引广告企业自行联系。待选定目标龙头企业名录后，再进行详细的了解，确定最终名单。

最后，运用综合立体招商的方式，多种手段并用。政策特惠的"一家一议"、免费推广、辅助解决企业负责人个人难题（孩子入学、看望老人等）、政府领导邀约、招商招待会、委托招商，等等，都是富有成效的方式。

9.3.3 引入龙头企业的过程管理

这个过程主要有培训、拜访、督导和总结交流等内容。

园区的招商员工大多不是专业的广告企业招商人员，既缺乏招商的一般知识、素养和技能，对于广告产业、广告企业、广告工作等的了解也大都浮于表面，而目标龙头企业的负责人都是具有较高广告专业素养和技能的成功人士。如果沟通不畅或者出现问题，非常优秀的目标龙头企业就可能拒绝入驻。所以，招商员工必须进行岗前培训，使其既懂招商又懂广告。

拜访目标龙头企业负责人是招商中的基本工作，招商员工除了具有一般性的礼节、时间观念外，还要提前了解目标龙头企业的实际情况、发展目标、存在问题等，这样在交流中就能够做到有的放矢，也显示出招商员工的专业水准和敬业精神。

督导是招商部门的负责人和员工应该有相互督察、提醒的制度安排，以保障招商工作效率，按时按量按质地推进。

总结交流是要求招商人员周期性地集体交流招商心得，相互通报情况，共同研究对策，从而提高总体的招商成功率。

9.4 国家广告产业园壮大龙头企业的主要途径

龙头企业的发展壮大不是园区运营方一家的事情，而是需要政府、广告行业组织、运营方和龙头企业等的共同努力才能达成。

9.4.1 政府在壮大龙头企业过程中的职责

杨培青女士认为，广告行业内没有形成大企业的原因在于配套政策的缺失，原以为可以由市场通过竞争来形成，却忽视了中国的基本国情。[①]

政府在园区正式运营阶段的作用虽然在减弱，但并不意味着完全退出，而是必须承担好督导服务的职责，为龙头企业的发展壮大尽心尽力。

---

① 杨培青：《在广告业扬起风帆》，《中国广告》2011年第3期。

政府在壮大龙头企业的过程中应该履行的职责主要有以下几项。

第一，保障引入时的扶持政策顺利执行。园区在招商阶段出台的扶持政策，大都有时效限制，一般在税收上实行"第一年全免、后四年减半"的优惠措施等，但是受到国家政策调整的影响，这种免税和减税的方式无法执行。由此造成许多龙头企业大量的经济损失，带来强烈的不满。对于此类问题，当地政府应该在不违背国家政策的前提下，灵活处理，使龙头企业的损失降到最低。特别是对于龙头企业实行的"一事一议"、"一企一策"政策，不能因为领导或人事变动、部门矛盾、人际关系等原因而不予履行或变相履行。如果出现这种情况，就会失信于龙头企业，不仅影响龙头企业的经营信心，也会因为龙头企业的影响力而影响园区其他企业的正常发展。

第二，出台支持龙头企业做优做强做大的新政策。郝云宏先生认为"适当的制度、法规和政策是推动中小企业集约化经营的有效保证。美国、日本及德国等外国政府和我国其他省份的政府都制定了很多卓有成效的促进中小企业集约化经营的政策，尤其是产业生态园区建设的方法和政策"①。

比如福州市人民政府关于支持国家 AD 产业园区发展的优惠政策规定：新取得国家一、二级资质的入园广告企业，分别给予 30 万元和 10 万元的资金奖励，获得国际 4A 级资质，给予 50 万元奖励②。福州园区还规定：对具有较强带动示范作用的龙头企业给予"一企一策"跟踪服务和特殊政策扶持，对获得中国广告长城奖等的广告人才给予 100 万元项目扶持资金，对销售收入超过 5000 万的广告企业给予一定比例的税收减免等③。

壮大龙头企业不是一朝一夕的事情，政府对此应有持续性的政策和制度供给，在招商阶段扶持和优惠政策执行结束之后，还要根据国家政策、地方政府的资源和龙头企业的需求，提出新的支持龙头企业壮大的政策，持续地支持龙头企业的发展。

第三，设置专门的机构和人员服务于龙头企业的发展。龙头企业不仅是园区的主体品牌，也是反映区域广告产业集约化水平的主要标杆。为此，当地政府有关部门，主要是省市区工商局、文化创意产业管理部门、服务业管理部门等，应该设置专门的机构，配置专门的人员来服务于龙头企业的发展

---

① 郝云宏：《中小企业集约化经营案例研究》，浙江工商大学出版社，2014，"序言"第 5 页。

② 《福州市人民政府关于支持国家 AD 产业园区发展的优惠政策》，http://mintaiad.com/10/13/13.html。

③ 《福州国家广告创意产业园的招商保障》，http://mintaiad.com/10/13/15.html。

壮大。

有了这样的专门部门和专职人员，就能够快速地解决龙头企业发展中需要政府协调解决的难题，营造和谐的经营环境，使龙头企业能够专注于企业经营而获得更快的发展。

9.4.2 广告行业组织在壮大龙头企业过程中的职责

广告行业组织是国家广告产业园普遍引入的集群要素，对于加强广告企业的组织化、交流与协作、龙头企业的引入与成长具有重要的作用。

有些园区引入了既有的省市区广告协会、广告设计协会、影视广告协会等，还有的园区新成立了园区内部的广告企业沙龙、广告企业联谊会、广告业商会等不同类型的行业组织。这些行业组织联系着大量的广告企业，有关于这些广告企业的丰富信息，是引入龙头企业重要的信息来源和倚重机构。园区可以以合作的方式委托这些广告行业组织代理引入龙头企业。

广告行业组织还可以运用资质评定、荣誉评选、会议举办等手段，为龙头企业获得国家一级资质资格等提供辅导支持；还可以委托龙头企业代管广告行业组织，发挥龙头企业的影响力，促进知识扩散，带动其他企业发展。

相当多的龙头企业负责人还兼任着各类广告行业组织的领导，这就为广告行业组织发挥作用，引入和培育龙头企业奠定了良好的基础。

9.4.3 运营方在壮大龙头企业过程中的职责

运营方在龙头企业壮大过程中起着最重要的外力作用，其应承担的职责有以下几点。

第一，建立龙头企业引入评审制度。龙头企业是国家广告产业园集约化发展的重要依托，也是园区各种资源集中配置的对象，所以，龙头企业的选择极为重要。俗话说，请神容易送神难。运营方应在龙头企业引入之前，制定准予入园经营的龙头企业资格和条件标准，建立龙头企业引入的评审制度，对于所有以龙头企业名义拟引入的企业进行客观公正的评选，杜绝不符合条件的企业进入龙头企业的行列，以提高资源配置的效率，加快园区的规模化发展。

成都园区设定了重点扶持的广告企业的引入标准：一是广告行业协会认定的、园区确认的4A企业，二是注册资金1000万元以上、年营收3000万元以上的企业，三是对园区发展有重大带动作用的企业①。

第二，实行主要负责人联系对接龙头企业制度。运营方的主要负责人应该分工对接联系不同的龙头企业，承担支持龙头企业发展第一责任人的职责，为龙头企业发展调配资源、出谋划策、保驾护航。

第三，代表龙头企业协调政府资源，支持龙头企业发展。运营方是协调政府和龙头企业关系的中间组织，应该自觉地承担双方交流沟通，特别是催促政府落实扶持政策、向政府反映龙头企业正当要求的责任。

第四，运营方要出台扶持政策，支持龙头企业发展。运营方不能仅仅依靠政府的支持，自身也要根据资源状况、经济实力等出台一系列支持龙头企业发展的政策。比如减免房租、缓缴房租、免费使用公共服务平台、代表园区企业参加广告界活动、获奖奖励、组织学习等。

第五，形成体系化的培训机制，促进龙头企业成长。为了帮助龙头企业提高广告专业服务水平，许多园区的运营方都会组织研讨会、培训班、拓展训练等活动。但大都没有长期计划和稳定的培训内容，有的园区只是在上级领导视察时才勉强举办，有的园区一年里完全没有此类活动，这些都会影响到龙头企业的成长。成熟而有责任感的园区运营方，应该通过了解龙头企业的培训需求，制订长期稳定的培训内容和培训计划，诸如广告专业服务培训、广告经营管理培训等，形成体系化的培训机制，提高龙头企业的整体水平。

9.4.4 龙头企业在自身壮大过程中的职责

龙头企业的发展壮大，最终还要依赖于其自身的集约化经营管理。通过自身集约化经营管理升级来实现自身的发展壮大，并引领园区企业走向集约化发展。

龙头企业在自身壮大过程中，必须承担的职责和要做好的工作包括如下六个方面。

第一，人才为本。广告是知识、技术、人才"三密集"的创意产业，"三密集"的核心还是人才。龙头企业的集约化经营管理最重要的问题就是吸纳、培养和使用好优秀广告人才。

就广告龙头企业来讲，策划创意人才和设计制作人才是提供高水平广告

---

① http：//www.redstar35.com/parkIntroduction.aspx？pid=3&cid=13.

产品和服务的基础，一般都有一定的人才储备和有效的管理方式。但从做优做强做大和示范引领园区企业发展的角度看，还特别需要吸纳经营管理、数字营销和大数据应用三类广告人才。这是龙头企业集约化经营管理最为倚重的三类人才。因为这些人才关系着龙头企业能否实现管理优化、技术进步和业态创新。

第二，重视技术进步和新技术应用。丁敬平先生等将企业的集约化主要放在技术进步上，而技术进步的动力机制应该包括由技术带来的生产成本的降低，生产效率、产品质量、产量和管理水平的提高，而这些恰恰是市场竞争所需要的[1]。魏炳义先生提出了企业集约化经营的两大本质特征是技术进步和管理优化[2]。因而，技术进步也一直是促进广告企业集约化经营管理水平提高的重要支撑。

广告新技术表现在广告材料、广告设备、广告生产、广告制作、广告设计、广告媒体、信息处理等许多方面，龙头企业应该在自身经营管理和广告产品与服务提供的所有领域，积极引进新技术，以提高经营管理水平和广告产品与服务水平。

在这些新技术中基于数字技术的新媒体、大数据应用和程序化购买是三大关键领域。拥有基于数字技术的 LED 联播网是户外广告的发展方向，数字社区媒体是广告企业和广告发布竞争的终极战场。大数据应用有利于龙头企业经营管理和广告传播决策的科学化，从而提高经营管理效益和广告传播效果。程序化购买改变了传统人工广告媒体选择与投放的低效率和低精准度，有利于提高广告的服务效率和效果。

第三，更新管理理念，优化管理模式。管理优化就是改变原有管理中影响管理效率和效果的落后的观念、设备、技术、制度、机制、政策等，是龙头企业集约化经营管理的基础工作。

龙头企业应该积极采用信息化、网络化、数字化办公方式，提高办公效率。"企业信息化营运和管理水平直接影响交易效率、管理精度、决策速度"[3]。

学习型组织是龙头企业必须推行的一种职业性要求。广告服务每天面对

---

① 丁敬平、赵英：《关于加强我国社会生产集约化发展的看法》，《改革》1992 年第 5 期。
② 魏炳义：《试论集约经济》，《生产力研究》1989 年第 1 期。
③ 彭翎：《基于信息化的电力集体企业集约化管理初探》，《中国电力教育》2014 年第 17 期。

的可能都是不同的产品、市场和消费者，需要不断地汲取新知识，才能解决新问题。这就要求把龙头企业建设成为学习型组织。

广告创意策划工作既具有团队性，也具有个人化、创新性的特点，员工的工作方式应该坚持刚性与柔性、灵活性相结合，比如特殊员工的家庭办公等。

第四，业务范围要做到集中专门化与整合营销传播相统一。对于龙头广告企业来说，要真正成为集约化经营管理的典范，锻造自己的比较优势，形成核心竞争力，就不能在业务开发上面面俱到、四面出击，而是将有限的优质资源集中在一个或几个业务领域，走集中专门化广告服务的集约化经营之路。在站稳一个或几个业务领域之后，再拓展新的领域，逐步走向整合营销传播服务。

第五，规模化发展。龙头企业的规模化发展是其集约化经营管理的题中之义，也是国家广告产业园规模化发展的主要依托（既需要园区的总体经营规模，更需要龙头企业的个体规模）。龙头企业的规模化发展，主要有形成以龙头企业为核心的经营联盟、通过上市融资开展资本运营、集团化等具体方式。

尹子民先生等则根据企业集约增长或者粗放增长所占比重，建议以集约增长为主的企业应该实施扩大经营规模的战略，对于产出规模和生产要素利用效率都很低的企业应实施收缩型战略[①]。这些思路为园区龙头企业的规模化发展提供了有益的启示。

集团化既是龙头企业集约化经营管理的组织形式，其自身也必须集约化经营管理。没有实现集约化经营管理的广告企业集团，也无法获取集约化经营管理效率和效益，从而使集团化走向集约化的消解。邱晗光先生等认为集团企业集约化经营管理是基于战略、财务等多种管控手段整合运用，优化资源的质量与配置方式，从而实现组织架构和业务流程最佳运作效率的一整套管理体系[②]。这对广告企业集团的集约化经营管理同样适用。

第六，园区之间的龙头企业应形成互补关系，错位发展。在开放的全球和全国广告市场上，各个国家广告产业园及其龙头企业之间形成了既竞争又

---

① 尹子民、孙晖：《全要素生产效率与集约经济效益的分析研究》，《科技管理研究》2008 年第 3 期。

② 邱晗光等：《集团企业集约化经营管理及信息系统规划研究》，《机械设计与制造工程》2015 年 1 月号。

协作的关系，共同发挥集约化主体、引领其他广告企业发展和服务于社会经济发展的责任。各个园区整体上不仅要有定位的差别，在龙头企业的发展方向上也应该有所侧重，形成各自不同的广告服务侧重点，以各自的比较优势形成互补协作。在这个问题上，全国广告产业园发展联盟应该承担起具体的责任。

9.4.5　学术机构在龙头企业壮大过程中的职责

一些园区成立有广告学术研究机构或与广告学术研究机构结成紧密合作关系，比如中原园区有广告发展研究院、成都园区有广告研究院、上海园区聘请了全国20多位专家、常州园区与国家广告研究院合作成立"国家广告研究院展示技术与创意研究分院"等。

这些学术机构或学术资源，可以针对龙头企业进行专题研究，为这些企业的发展壮大提供智力支持。比如中原国家广告产业园的广告发展研究院，开展了河南省广告产业的全面调查，提交的报告对园区的招商工作、龙头企业的引入等起到了积极的作用。

9.5　小结

龙头企业对国家广告产业园的集约化发展骨干、示范、引领、聚合等多方面的作用，是国家广告产业园集约化发展的重要路径之一。

要壮大龙头企业，需要发挥政府、行业组织、运营方的整体作用，更要发挥其自身作为园区集约化发展主体的引领作用和示范价值。龙头企业是国家广告产业园集约化发展中规模化发展的主要依托，应该给予比一般企业和重点业态中的企业更为优质丰厚的政策供给和特惠服务。这既是壮大龙头企业的必需，也充分体现了集约化理论中资源集中优化配置的要求。另一方面，壮大龙头企业还要依靠其自身的集约化经营管理，形成具有集约效应的大型广告企业，这样不仅可以实现国家广告产业园主体企业的集约化，还能够真正起到示范和引领其他入园企业走上集约化经营管理的作用，最终带动整个广告产业园的集约化发展。

第十章

培育产业集群：国家广告产业园
集约化发展的路径之四

从一定意义上来讲，国家广告产业园集约化发展的实现，需要通过其集群化演进的方式，以广告产业集群这种产业集聚发展的高级形式来保障。因而，培育广告产业集群就是国家广告产业园集约化发展必须选择的道路。

10.1 广告产业集群对于国家广告产业园集约化发展的意义

广告产业集群是广告产业园演化的高级形态，是实现国家广告产业园集约化发展的重要路径，对提高国家广告产业园的集约化水平和获得集约化效率与效益，具有十分重要的意义。

10.1.1 产业园区的经济学逻辑是产业集群

产业集群通常都是各种集群体系要素自然聚集而形成的、具有自组织机制和内在动力的产业族群，可以获得低成本、高效率、规模经济、范围经济、创新经济、知识溢出等集群效应。因而，产业集群现象就受到了学界、政府、国际经济发展组织等的关注，借助产业园区这种产业聚集发展空间，培育产业集群，进而获得集群效应，加快产业发展，成为了各国政府竞相效仿的新的产业政策和成功的产业发展组织形式。

产业园区的产生就是在自然形成的产业集群所具有的集群效应的启发下，运用政府和市场的双重资源配置方式，压缩产业集中、聚集过程，快速聚合集群要素，形成集群体系，不断地向产业集群演进。所以说，产业园区的经济学逻辑即是产业集群，产业园区的发展应该遵循产业集群的演进规律向前发展。国家广告产业园一样要遵循产业集群的经济学逻辑。

10.1.2　产业集群是产业园区演化的高级阶段

产业集群的形成是一个较长的过程，迈克尔·波特认为大概需要十年以上的时间①。在产业集群的演进过程中，面临着止步不前、解体等集群风险。产业园区的建设初衷是要演化成为产业集群，但其本身不等于产业集群。产业园区开园运营仅仅意味着产业集中发展的开始，待聚集了一定数量又相互关联的企业时就演化到产业集聚阶段，但这个阶段还不是产业集群阶段，也无法产生集群效应。只有到了具有协作、创新、成长等特征时，才演化到了产业集群阶段，产业集群效应才会产生。

所以，国家广告产业园也不能停留在集中、集聚阶段，而必须奋力向广告产业集群演进，才有可能演化到高级阶段而享有集群效应，从而实现集约化的发展目标。王芳等认为"集中、集群、集约是层层递进的关系，是产业园区由低级向高级发展的不同阶段"。② 所以，国家广告产业园的集约化发展必须通过产业集群的培育和形成而实现。

10.1.3　只有形成产业集群，产业园区才能实现总体上的集约化发展

产业集约化不仅意味着资源的集中配置、产业的集中生产、重点业态的成长、龙头企业的发展、产业链的完善等，更高层次的集约化还意味着这些发展路径之间，以及这些发展路径与其他集群要素（比如公共服务机构、支持机构、政府服务机构等）之间，要形成互动共赢的产业生长族群，才能获得总体上的集约化发展。

而产业集群不仅是产业集约化发展的一种路径，还是将其他集约化发展路径有机组织起来的集约化发展方式。产业集群是产业集中发展的一种产业组织形式，它特有的分工协作、文化根植性、知识溢出等集群特点，能够把

---

① 〔美〕迈克尔·波特：《国家竞争优势》，李明轩、邱如美译，华夏出版社，2002，第638页。

② 四川省工业经济发展研究中心：《四川省产业园区集中集群集约发展评估及发展研究》，西南财经大学出版社，2015，第4页。

产业园区集约化发展的种种方式融合成一个有机整体，发挥出系统整合优化的整体效应。

10.2 国家广告产业园的集群化演进

国家广告产业园由他组织的产业集中、产业集聚向自组织的产业集群演化，是一个漫长的过程，甚至有可能永远徘徊在集群化演进的路上。如果能够充分利用政府和市场两种集群化发展手段，遵循产业集中、产业集聚向产业集群演进的基本规律，国家广告产业园就有可能缩短演化成为产业集群的时间。

10.2.1 规划建设阶段的集群化意识

国家广告产业园不是广告产业自然集聚形成的，大都是各地政府规划建设的，因而就有可能在规划建设阶段，使其具备广告产业集群的基本条件，从而为其集群化发展奠定客观基础。

集群化意识在规划建设阶段的体现，主要表现在如下方面。

第一是广告产业园集群化的目标设定。广告产业园的经济学逻辑是产业集群，那么，其发展的最终目标必然是形成一个个区域性的广告产业集群，这样清晰、明确的目标设定是统领园区建设和运营的总指针。

但浏览 32 家国家广告产业园的官方网站和推介资料，明确地表明了集群化发展目标的只有南京园区"重点打造广告创意设计、广告制作、广告传媒等全产业链企业集群"[1] 和沈阳园区"打造完善的广告创意、广告设计、广告制作、广告传播的广告产业链条和广告产业集群"。[2] 由此可知，大多数广告产业园在发展目标设定上并没有体现出明确的集群化意识，这将在很大程度上影响和制约其发展方向，或者经过许多年的运营发展也无法达到广告集群的产业层次，甚至于像某些其他产业园一样趋于解体。正如《国家广告产业园区评估报告》所言"对国家广告产业园的认识不够"、"导致园区建设存在运营方向模糊"等问题[3]。

---

[1] 南京国家广告产业园"园区简介"，http：//www. njaip. cn/archives/detail. php？id = about。

[2] 沈阳国家广告产业试点园区"功能定位"，http：//www. sy - aip. com/col. jsp？id = 101。

[3] 国家工商总局广告产业园区建设和运营专家评估组：《广告产业园区评估报告》（2014 年 4 月）。

第二是地理区位的广告产业集群化条件。产业园区虽然是人为建设的，但其顺利地集群化必须依赖于其自身内在的集聚动力，因而，为广告产业园选择一个符合广告产业集聚和集群化规律、特点的区位，就是在规划阶段要认真选择、谨慎决策的重要问题。因为，一旦区位选择失误，投资之后将无法回头。

适宜的广告产业园地理区位应该选择在具有一定的广告产业自然聚集的地方。因为这样的自然聚集区，必然具有内在的吸引广告产业集聚的种种客观条件，其向广告产业集群演进就有了内在的动力，再加上人为的政策、公共服务等有效供给，易于快速向广告产业集群演进。

如果没有自然形成的有一定基础的广告产业聚集区，广告产业园的区位选择就要考虑与广告媒体、广告需求量较大的企业总部区地理邻近，或交通便利的城区。因为广告产业是向广告媒体和企业广告主提供服务的商业服务业，不是向个人消费者提供艺术品的艺术创意园区，所以它具有向广告媒体和企业广告主集聚的特性[①]，它不能够待在郊区，而是要待在距离广告媒体和企业广告主较近的地方。

广告产业园也可以选择在广告产业链上的强势节点企业附近，比如广告材料生产基地（常州国家广告产业园依托广告展架等生产基地）、广告材料市场、大型广告企业（上海中广国际国家广告产业园依托于著名的梅高广告策划机构）等，借助于其强势节点对于其他节点企业的吸聚力，吸引关联产业集聚，形成特色化或轮轴式的广告产业集群。

广告产业园还可以选择在产业集群要素比较集中或影响力较大的集群要素附近建设，借助于这些集群要素对于广告企业的吸引力而形成广告产业集群。比如邻近广告教育与研发机构（广州国家广告产业园依托于广州美术学院）、邻近关联产业园（郑州、大连、南宁、沈阳、天津等国家广告产业园或试点园区都是依托于国家高新园区）等。迈克尔·波特就认为"一般而言，当新的产业集群围绕着大学研究机构或先进的研发集中地时，它们的发展最有效率"。[②]

第三是广告产业集群化成长的园区空间和环境规划。广告产业园是一个

---

① 颜景毅：《市场驱动型广告产业集聚区个案研究——郑州金成国际广场广告产业集聚区的实证考察》，《中国广告》2015年第1期。

② 〔美〕迈克尔·波特：《国家竞争优势》，李明轩、邱如美译，华夏出版社，2002，第638页。

以广告类企业为主的集聚发展空间，应具备符合广告产业特点并有助于集群化发展的办公、休闲、交流等房屋结构、公共空间、时尚氛围、创意环境等。

鉴于中国本土广告企业大都规模偏小，广告产业园应有一定数量的小户型写字间；办公场所的创意化也是广告企业的普遍要求，所以，超高空间的户型也会受到企业的青睐，他们更易于营造立体化的办公格局；咖啡厅、茶座等已成为广告企业办公的标配；园区楼内、楼外等公共空间的环境装饰也是体现广告产业的创意特色，营造时尚的创意气氛的主要载体。这些空间和环境的规划都要有集群化意识，为园区的集群化发展提供适宜的硬件和软件匹配。

第四是广告产业集群化发展的公共服务保障。自然形成的产业聚集区在初期往往只有物业性质的公共服务，没有针对广告产业集群化发展所需的广告专业公共服务体系，因而自然形成的产业聚集区向产业集群的演化时间通常较长，成功率较低。广告产业园这种人为建设的产业聚集空间一开始就应该齐备公共服务体系，除了一般性的物业、商业、交通、餐饮、金融、住宿等共性公共服务外，更重要的是规划和建设高水准的、针对园区拟招入的广告企业所需要的广告专业公共服务，比如知识产权代理机构、广告行业协会、广告人才培训机构、广告信息库、广告交易平台、广告研发机构、广告拍摄制作设施等。这些公共服务体系既是吸引广告企业入驻的诱因，又是促进企业低成本、高效率地快速成长，进而加速集群化进程的基本保障。

10.2.2　招商阶段的集群化标准

招商是吸引广告企业、关联企业、相关机构等入驻园区开展经营和服务活动的基本举措，也是广告产业园在规划建设开始直到开园运营，乃至贯穿于整个发展过程中的一项基本职能。许多广告产业园为了尽快地吸引企业入驻，不设置入驻企业的标准，或者标准过低，造成不该进入的企业大量进驻，占用了广告的专业公共服务资源，该进来的企业因为空间所限又无法进入的尴尬情形。虽然企业众多、规模较大，但产业园的广告特性不明显，集群化发展所需要的各种要素条件不具备，其集群化发展就难以实现。

所谓招商阶段的集群化标准，指的是按照集群化发展的目标，设定拟引入的广告企业必备的条件、类型和数量比例（集群的产业基础是尽可能完整的广告产业链，因而引入什么类型的广告企业就决定了广告产业园产业链的基本特色），支撑广告企业高效率运营的数据服务、营销咨询、公共关系、会展策划等关联企业的入园条件和数量比例，构成产业园区集群化体系的广告研发、人才培训、广告交易、广告制作、行业协会等要素的入园条件和数量比例等。只有严格按照既定的标准招商，入园的企业和机构才是广告产业园集群化发展所必需的，也才能够使有限的园区资源得到有效利用，从而保障集群化发展的正确方向。

在现有的 32 家国家广告产业园和试点园区中，大都没有设定严格的入园企业和机构的标准条件，其结果正如广告产业园区建设和运营专家评估组所评价的那样"部分园区业态杂糅，广告产业链结构混乱"、"园区对入园企业标准的制定和考量有待加强"。[①] 造成这种情形的原因，一是没有真正理解广告产业集群所必备的基本要素体系，还停留在广告产业聚集的层面上。二是急功近利，政绩驱动，不管广告产业园以后的发展去向，满足于短期 GDP 的增长、就业人数的增加等繁荣景象，无视广告企业是否成长、广告产业是否向高级发展模式和业态提升。如果不改变造成上述情形的原因，广告产业园的集群化发展就会变得越发艰难，因为引入的关联性弱的企业和机构已难以迁出，有限的办公空间被占用，有限的公共服务资源被耗费，而真正是集群化发展所必须引入的企业和机构需要的办公空间与公共服务资源却难以满足。长此以往，积重难返，广告产业园就会越来越非广告化，集群化的集聚力就会日渐消解，不仅无法实现集群化的发展目标，还会走向解体。

10.2.3　运营阶段的集群化培育

在规划和建设完成之后，随着企业和相关机构的逐步引入，公共服务平台开始逐步启用，广告产业园就进入正式运营阶段，集群化发展也随之进入了由静态规划、硬件建设、软件配套到动态的维系、培育和演化过程。因此，广告产业园进入运营阶段之后，其职能不仅在于维系已有企业和机构的持续存在，更重要的是把基于集群化规划建设的空间、服务平台、入园企业和机构，凝聚成为广告产业集群，获取集群效应。为此，需要重视以下几个方面的工作。

[①]　国家工商总局广告产业园区建设和运营专家评估组：《广告产业园区评估报告》（2014 年 4 月）。

第一，不断完善产业链，强化协作节点间的联系，增强企业间的专业化、关联和黏性，避免"集而不群"。

许多产业园尽管集聚了不少的企业，但由于相互之间没有技术、经济等联系，或者同类节点间恶性竞争，长期处于集中运营而达不到集群的层次，集群特点体现不出来，集群效应更是无从谈起。广告产业园不是企业的简单聚集，而是相互之间因为技术、经济等的密切联系而形成专业化分工深化、相互协作常态化的生产经营生态族群和共同体。

欲破解"集而不群"，就需要引入缺少的广告产业节点，比如大数据服务企业；需要把特色节点重点培育成为主导产业和大型企业，借以强化园区的内聚力，比如中原广告产业园重点培育新媒体和数字营销企业。

第二，不断优化运行集群要素体系，提高服务水平，促进企业的低成本、高效率运营，帮助企业实现业务、经营管理水平和专业服务能力的多重成长。

广告产业集群体系包括营销等关联产业、培训等支持机构、广告公共服务平台等共享设施，以及园区运营机构，是广告产业园集群化发展的必备支撑要件。由这些要素构成的集群保障体系的运营状况和服务水平，直接影响着广告产业园的集群化发展进程。

广告产业演进的一个基本方向是整合营销传播和数字化，所以，没有这些关联产业的进入并就近合作，广告企业的服务能力和服务效率就不能保证。包括广告交易、广告设计、广告拍摄、广告制作、技能培训、活动组织等在内的广告公共服务平台，面向入园企业提供高质量、低价或免费的普惠服务，是提升企业业务量、专业服务水平、经营管理绩效的主要依托和机制。作为广告产业园运营方的管理机构，应该保障广告公共服务平台的顺利运行，提供相互交流、学习的场所和活动，形成创新空气，促进知识溢出和共同发展。

第三，加大新技术应用和理念更新，推动园区向数字化和集约化升级，从而保持园区产业的先进性和成长性。

数字化和集约化转型升级是中国广告产业当下面临的双重时代命题，而建设广告产业园既是集约化转型升级的一种产业集约化路径，也是数字化转型升级的技术和产业依托。为此，必须加大以大数据为核心的广告新技术应用和服务，确立从粗放型经营向集约化经营的观念创新和方式转变。

传统广告服务的方案谋划和决策，建立在对既有有限样本的追问上，对于市场和消费者的洞悉与把握程度不够，决策的可靠性就会不够。也正由于这种技术的缺陷和遗憾，传统广告效果达成的重心放在了依靠广告人个人智慧的策划和创意上，其艺术性、策略性虽然被肯定，但科学性一直备受质疑。由于互联网产生的海量信息催生的大数据技术的出现，从技术的角度为广告运作提供了即时性、动态性的全样本数据，广告决策的科学性得以保障。但是单个企业独立使用大数据技术和大数据服务，将增加经营成本，而以广告产业园提供面向园内所有企业的大数据服务，既能够提高广告作业的针对性和科学性，还可以减低企业的作业成本。

广告企业的集约化经营不仅要求把企业资源集中在自己能够做得最好的业务方面，实行深度专业化，还要求把共性的商业和专业服务委托给园区的公共服务平台，从而低成本的运营。而这些也只有在园区整体上发育成为广告产业集群时才能实现。所以，推行广告企业的集约化经营管理，是培育广告产业集群的题中之义。

第四，重视园区品牌的规划设计、建设和培育，内增集聚力，外增吸引力，不断引入集群化发展所需的优质资源

广告产业园集群化的着力点主要在于内部集群动力和集群机制的形成，但也需要不断地从外部获取新的优质的集群化资源，持续地在外部获得广告产品和服务的庞大市场。这些都需要广告产业园作为一个区域广告产业的聚集发展综合体，塑造和推广一个深受社会、企业、广告媒体熟知、信赖、推崇的广告产业服务品牌形象。

从目前的 32 家国家广告产业园来看，大多数都有自己的标识系统、品牌定位，以及用以招商和品牌推广的官方网站、微信公众号等，但缺乏系统化的品牌培育战略和持续性的品牌化活动。品牌的推广也较少使用有影响力的传统媒体和新兴的门户网站、社会化媒体等。某些国家广告产业园，不仅园内企业不以位居园区而自豪，就连同城的一些广告企业、广告主都不知道本地还有一个国家广告产业园。如此一来，广告产业园的内聚力就会被稀释，外聚力也难以形成，其维系都会是个大问题，还何来集群化发展呢？所以，制订长期的系统化的品牌建设方案，通过一个个品牌化活动使品牌形象得以确立，应是广告产业园不能轻视的战略问题和实践问题。

第五，强化广告产业园与相邻其他产业园区的互动协作，在产业融合的环境中推进广告产业集群发展。

由于国家广告产业园建设是实现中国广告产业集约化发展的国家行动，

又是在极快的时间内推进实施的，所以，许多园区都不是在空地建设起来的，而是在其他产业园区的基础上或者依托于其他园区来规划建设的。这就形成了广告产业园与相邻的其他园区一起，构成的多种产业园区集中、融合、共生的产业园区聚集生态。比如中原园区、上海园区、南京园区、常州园区、无锡园区、苏州园区、包头园区、西安园区、沈阳园区、大连园区、长春园区、哈尔滨园区、南宁园区、长沙园区、天津园区、杭州园区、昆明园区等大多数园区都设立在国家高新区、科技园区、开发区内，与各种各样的专业产业园区毗邻而居。

这种与专业园区扎堆聚集的现象也是国家广告产业园建设的一大特色。它有利于国家广告产业园的建设，享有成熟的硬环境（水、电、路、通讯等）和软环境（管理、金融、招商、公共服务等）而快速起步。也有可能与其他专业产业园区形成广告服务的供求关系，从而相互促进，共同发展。还可以加快与其他产业的融合发展，创新广告业态，提高广告服务效率。

但是这些益处不可能依靠产业园区之间的自然形成。因为这些专业产业园区之间，通常都是老死不相往来。所以，国家广告产业园的政府管理方和市场运营方，就必须通过组织各种交流、互动、合作、交易等活动，强化相互间的了解和信任，形成超越单一产业集群之上的多种产业集群融合共生的更高层次的产业集群族群，从而相互支撑，相互协作，共同繁荣。

综上所述，国家广告产业园的集群化发展是其内在的经济学逻辑的必然要求，但国家广告产业园的集群化发展过程又是相当漫长，甚至有可能出现种种集群风险，而使其一直处于集聚过程或停留在聚集阶段，无法企及集群化的最高层次。要避免各种风险的产生，顺利地实现集群化的发展目标，就需要在建设和运营的全过程树立集群意识，贯彻集群理念，开展集群实践，并长期坚持不懈，一以贯之。

10.3　国家广告产业园的虚拟集群建设

局限于产业园的空间制约以及大多位于城市非核心地带，国家广告产业园的集群化面临着集群体系不完备等问题，如果一味地都按照传统的地理集中模式向产业集群演化，就可能无法演进到产业集群阶段。

如果按照虚拟产业集群的方式，既可以规避不少园区天然的集群化缺陷，又适应了广告产品和服务的非实体特征，集群体系的构成要素虚实结合、远近结合，就有可能建设成为以国家广告产业园为主体的、"聚而不集"的虚拟广告产业集群，从而将国家广告产业园的集约化发展推进到新的高度。

诚如于永达先生所言，传统产业理论认为的只有区位相近的资源才能集聚，并不完全正确，对于以信息技术为主导的产业而言，空间的限制已极大地减少了，网络等先进信息工具已可以突破地域的限制，在这种情况下，资源之间的地缘、信息和贸易等联系都可以产生集聚效应[1]。

10.3.1 "虚拟广告产业集群"的含义

"虚拟产业集群"是与"产业集群"相对的一个概念，不同的学者有不尽相同的表述。

比如虚拟集群是基于网络的、信息和通信技术为主要交流手段，以合作创新与共同发展为目的，相互关联的企业与组织在虚拟空间的集聚[2]。

虚拟产业集群是由产权独立、地域分散、同一价值链上相关企业，利用现代信息技术组成的集合体[3]。

虚拟集群是相互关联的企业及其他组织机构，在虚拟空间通过正式和非正式契约所构成的相互依赖与长期合作的集聚体[4]。

综合来看，所谓虚拟产业集群，构成产业集群体系的要素不是完全都集中在一个特定的地理空间内，而是依靠先进的信息通信技术、网络互动、移动互联、贸易往来、快捷的交通工具等联结在一起。

虚拟广告产业集群是由非地理邻近的广告企业、广告关联企业、相关支持机构等集群体系的构成要素，通过互联网、通信工具、交通工具等联结在一起，形成异地分布、业务协作、共同发展并能够产生和获得集群效应的广告产业族群。

---

① 于永达：《集聚优势》，清华大学出版社，2006，第55页。

② 孙耀吾、韦海英、贺石中：《虚拟集群：经济全球化中集群的创新与发展》，《科技管理研究》2007年第2期。

③ 宋显雯、张云辉、高长元：《虚拟产业集群知识系统的自组织特性分析》，《商业研究》2007年第2期。

④ 吴文华、张琰飞：《企业集群的演进——从地理集群到虚拟集群》，《科技管理研究》2006年第5期。

10.3.2　构建虚拟广告产业集群对于国家广告产业园集约化发展的意义

构建虚拟广告产业集群是对于传统的地理邻近型产业集群的有益补充，对于加快国家广告产业园的集约化发展进程，提升国家广告产业园的集约化发展水平，具有非常重要的意义。

一是有助于各家园区的分类发展。鉴于国家广告产业园之间在许多方面的巨大差异和集群化资源的不均衡，要推进全部园区的集群化发展，就必须分类发展。集群体系要素较易在广告产业园内聚集的园区，可以建设传统的以地理邻近为特征的产业集群；集群体系要素缺乏或不易在广告产业园内聚集的园区，就可以建设以通信技术、贸易联系等为特征的虚拟产业集群。

二是有助于做优做强做大国家广告产业园。打破地理局限的虚拟广告产业集群，能够吸纳和聚集更广阔范围内的广告资源、市场资源和社会资源，提高广告产业资源利用和配置的效率与水平，优化产业结构，增大产业规模，提升运营的经济效益。

三是有助于带动区域广告产业的整体发展。国家广告产业园的一个重要使命就是为园区之外的广告产业带来示范和引领作用。示范作用的形成可以通过国家广告产业园自身的集约化发展方式和效果来显现，而引领作用的发挥则主要通过虚拟产业集群的主体国家广告产业园与园外广告产业之间的信息、知识、贸易等的密切联系来实现。

10.3.3　构建虚拟广告产业集群的必要性

就国家广告产业园的集群化条件看，要推动集群化的顺利演进，构建虚拟产业集群是非常必要的。

因为国家广告产业园的空间局限制约了其容纳能力。广告产业的服务特性使得广告产业园适宜于布局在城市繁华地带，办公空间有限、建造和租用成本较高，难以容纳足够的形成产业集群的必备体系要素和企业数量。

国家广告产业园的相对封闭性也会对创新产生制约。广告的信息经济特征使得其创新发展特别依赖于多方信息快速而频繁的互联互通，而相对狭小和封闭的国家广告产业园，会迟滞园区内外的信息流通，进而影响知识流动与溢出，制约广告创新。而没有了创新，广告的价值就基本丧失了。

10.3.4　构建虚拟广告产业集群的可能性

能不能构建成功虚拟的广告产业集群呢？

可能性是存在的，这是因为：

一是广告产业具有非实体经济特征。

除了广告设备和耗材外，广告的服务产品是以信息的形式呈现的，属于非实体性产品，其移动的成本很低，甚至于成本为零，地理邻近与否对于广告产品交易的成本几乎没有影响。所以，虚拟广告产业集群恰恰符合了广告产品和服务的非实体特征。

二是因为通信技术的进步为广告产品和服务的交换提供了极大的便利。

现代通信技术的飞速进步，特别是网络通信技术带来的通信免费化等，为广告信息、广告产品、广告服务的传输、交流和交易，提供了打破地理距离限制的条件，广告的异地、散点传输、交流和交易实现了巨量化、高速化和免费化。所以，虚拟广告产业集群并不会影响到广告的作业效率。

三是因为高速交通的发展为广告人员、物流的来往削弱了地理邻近性的优势。

即使人员的流动和广告设备、耗材的运输，也因为航空和高铁的飞速发展，不仅实现了高速化，也极大地降低了运输成本。而运输成本的降低或归零，原是传统产业集群的优势之一，但是快速交通和物流业的高速发展，已使得这种优势日渐减弱。

四是因为通过网络互动已经可以形成非地理集中化的办公和交流。

在移动互联的推动下，广告生产的交流互动、创意设计、策划、交易、实施等大多数广告作业环节，都可以在线、即时、移动中实现，它打破了空间集聚式的传统办公和交流模式，异地网上协作完成广告作业成为现实。

10.3.5　虚拟广告产业集群的构建模式

如何构建虚拟广告产业集群呢？国家广告产业园作为培育区域广告产业集群的平台，理应成为构建虚拟广告产业集群的倡导者、组织者和集群主体。以下是构建虚拟广告产业集群的四大模式（见图 10-1）。

模式一：一园多区

此模式是在一个城市内，设置一家国家广告产业园，但不是仅有一个园区，而是由多个定位、功能既有差异更是互补协作的园区所构成。这种模式

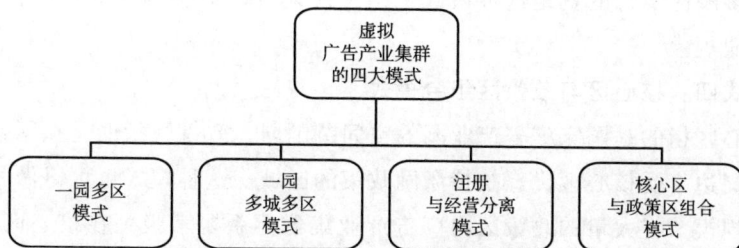

图 10 - 1　国家广告产业园虚拟广告产业集群的四大构建模式

将一个城市内的广告产业借助几个园区的集中经营和管理，形成一个广告生产和服务的协作体、联合体和产业族群。这样的虚拟产业集群基本上就把一个城市广告产业的所有集群要素联结起来了。

潍坊园区就是由西街 68 号、99 号和 88 号三个园区构成的虚拟产业集群，分别定位于广告创意孵化区、广告创意总部区和广告影视文化产业园，由运营方统一管理和运营。

此类模式下如果各个分园区之间不能形成相互关联协作的广告产业族群，就会沦为毫无关联甚至恶性竞争的独立园区，无论是传统的产业集群或者是虚拟产业集群都难以构建成功。某"一园两区"的授牌园区即存在这种情形。

模式二：一园多城多区模式

一园多城多区模式是 1 家国家广告产业园不是设立在一个城市，而是由分布在两个或多个城市的多家分园区组合而成，共享国家广告产业园的品牌价值、扶持政策和资金支持。这样的虚拟集群模式所在的城市通常距离较近，交通便捷，各家园区定位鲜明而具有互补性。

海西园区即是由位于福州的闽台 AD 创意园和位于泉州的领 SHOW 天地创意产业园两个城市的两家分园区构成的虚拟广告产业集群。

中原园区拟启动以郑州园区为主体，以 40 分钟城际高铁连接的中原城市群为分园区的虚拟广告产业集群建设。其他分园区为省级广告产业园，包括洛阳园区、焦作园区等。

模式三：注册与经营分离模式

这种模式指的是广告企业、关联企业、支持机构不一定在国家广告产业园内运营，而是将企业的注册地设立在园区内，作为园区的正式成员，参加园区的各种交流、交易、合作、学习等活动。

许多园区实行的就是这种模式。这种模式可以加快园区的集群化过程，做大产业规模。

模式四：核心区与政策区组合模式

核心区指的是国家广告产业园的空间范围内，政策区指的是在国家广告产业园周边享受核心区优惠扶持激励政策的区域。这种模式也可以做大园区的产业规模，将大量的政策区内广告产业集群体系要素吸聚在核心区周围，强化两区之间的互动协作，最终形成广告产业族群。

北京园区采用的即是这种模式。核心区是属于朝阳区南磨房乡政府的原蔬菜果品批发市场，改造后也仅有 6 万平方米的办公空间，而政策区基本涵括了朝阳区内的各种广告产业集群体系要素，比如位于中国传媒大学的国家广告博物馆等。

10.4　小结

产业园区的经济学逻辑是产业集群，广告产业集群是国家广告产业园集约化发展的高级形式。除了应遵循传统产业集群理论及其集群化路径培育实体型广告产业集群外，还要根据国家广告产业园的实际状况和广告服务的特性，重视虚拟广告产业集群的构建和培育，以推动国家广告产业园集约化发展向高层次迈进。

结　语

国家广告产业园建设是中国广告产业集约化发展的一项新的重大制度安排和国家产业行动，对其进行研究的重要性自不待言。但以什么样的视角来观照国家广告产业园的发展，是一个重要的问题。因为国家广告产业园建设既是中国广告产业集约化发展的平台和主体，也是通过在国家广告产业园集约化发展过程中提高专业化服务水平和国际竞争力，最终实现中国广告产业专业化、集约化、国际化发展目标的广告产业转型升级过程。从集约化发展的视角来研究国家广告产业园，可谓抓住了国家广告产业园研究最核心最关键的问题。

虽然美国等广告产业发达国家通过集聚的方式实现了广告产业的规模化、集约化和国际化，虽然我国高新技术、制造业等通过建设产业园区实现了超常规的集约化发展，但是通过产业园区这种产业组织化发展形式来实现广告产业的集约化发展，还没有现实的成功案例予以支持。作为一种新的发展路径的尝试，国家广告产业园集约化发展的研究，既没有成熟的广告产业园集约化理论来指导，也没有典型的广告产业园集约化发展的经验教训来启发，所以，无论是国家广告产业园集约化发展本身，还是对国家广告产业园集约化发展的研究，都是在探索，在路上。这也是本书面临的最大挑战。

如何分析和评价国家广告产业园近几年来在集约化发展中取得的进展？这是本书在寻求国家广告产业园集约化发展路径时需要首先解决的立论依据。相对于产业集群化发展研究的丰富成果和系统性，产业集约化发展研究显得既不充分而又零散。这就为国家广告产业园集约化发展研究的理论分析框架的提炼带来了难题。本书通过梳理集约化理论，分析广告产业的特点以及国家广告产业园建设的意义和使命，提出了由规模、结构、效率三个维度构成的国家广告产业园集约化发展分析框架。借助这个分析框架，通过数据分析所获得的结论，不仅印证了有关部门提出的"取得了超过广告产业的一般运营效率"的判断，更有新的发现，比如龙头企业依然稀少、单位经济效益依然较低等。这些发现从一定程度上说明规模－结构－效率的分析框架是合理有效的。

在产业集约化和企业集约化发展理论的指导下，本书沿着如何提高国家广告产业园的规模化水平、优化产业结构和提升运营经济效益的思路，提出了实现政府主导向市场主导转变的战略选择，以及建构完善的产业链、扶持重点业态、壮大龙头企业、培育产业集群等四大操作路径，从战略和策略两个层次对加快国家广告产业园的集约化发展进程，形成了系统化的思考。这将有利于国家广告产业园整合各个层面各个领域的思路，集纳多种资源多种手段，协同共进，以更好地推进国家广告产业园的集约化发展进程。

遗憾的是，对于32家国家广告产业园集约化发展评价的数据采集，没有能够做到全样本。虽然笔者情理齐上，公私兼用，花费了大量的沟通协调时间等，但因为有关部门和某些国家广告产业园出于数据保密等顾虑，不乐意提供有关数据资料，这就无法采集到所有园区的相关数据。即使回复问卷的17家园区，也有3家园区的回复材料存在不真实、自相矛盾、缺项太多等问题而无法采信，最终只有14家园区进入了统计分析的样本内。好在这14家园区的区域分布、类型分布有很好的代表性，也在一定程度上弥补了样本量的不足。再加上对8家10区的实地考察，综合来看，本书对国家广告产业集约化整体发展水平的分析评价，具有较高的客观性和全面性。

影响经济增长和发展方式转变的因素大体分为技术因素和制度因素。由于国家广告产业园建设是重大的国家行动，所以本书侧重了制度因素的论述，而弱化了技术因素的考量。这是在以后的研究中需要专门深入探讨的问题。幸运的是，笔者申报的"大数据与中国广告产业集约化发展研究"课题，获得了2015年度国家社科基金项目的资助，从技术的视角来弥补国家广告产业园集约化发展研究的缺憾，就是下一步要重点研究的课题。

参考文献

中文期刊文献

安筱鹏、曹远肖：《我国电子信息产业区域发展模式探讨》，《中国科技论坛》2004 年第 1 期。

安悦：《上海创意产业园区产业分异与形成机制研究》，《上海城市规划》2013 年第 4 期。

鲍繁：《传媒类文化产业园区的现状、借鉴与思考》，《中国传媒科技》2012 年第 21 期。

鲍丽洁：《产业园区建设中政府与企业的博弈分析》，《经济研究导刊》2011 年第 21 期。

陈弼明：《我国集约型经济发展道路研究》，《现代商贸工业》2011 年第 7 期。

陈登源：《文化创意产业政策执行的满意度分析——基于福州市文化创意产业园区及企业的调查与思考》，《福建省社会主义学院学报》2013 年第 3 期。

陈刚、孙美玲：《结构、制度、要素——对中国广告产业的发展的解析》，《广告研究》2011 年第 8 期。

陈倩倩、王缉慈：《论创意产业及其集群的发展环境——以音乐产业为例》，《地域研究与开发》2005 年第 5 期。

褚劲风：《国外创意产业聚集的理论与研究系谱》，《世界地理研究》

2009 年 3 月第 1 期。

褚劲风：《上海创意产业园区的空间分异研究》，《人文地理》2009 年第 2 期。

邓敏：《我国广告产业集群现状分析》，《当代传播》2008 年第 1 期。

邓雪、宿晶晶：《产业园区内企业间学习影响因素及促进策略研究》，《经济研究参考》2013 年第 27 期。

丁敬平、赵英：《关于加速我国社会生产集约化发展的看法》，《改革》1992 年第 5 期。

杜海东：《社会资本视角下的创意产业发展策略》，《长春工业大学学报》（社会科学版）2009 年第 6 期。

付冰：《产业园区管理体制创新研究》，《现代经济信息》2013 年第 3 期。

盖文启、朱华晟：《产业的柔性集聚及其区域竞争力》，《经济理论与经济管理》2001 年第 10 期。

龚雪：《自发型创意产业集聚区形成机理研究》，《技术经济与管理研究》2013 年第 4 期。

郭嘉、付跃龙、刘升学：《R&D 投入对产业园区技术效率影响研究——以湖南 18 个产业园区为例》，《衡阳师范学院学报》2013 年第 6 期。

何晓静、王海波：《创意产业园区空间整合研究》，《包装世界》2013 年 9 月。

胡熙华、明杰：《我国高新技术开发区协调发展的四大问题及对策探讨》，《科技进步与对策》2002 年第 1 期。

胡晓鹏：《基于资本属性的文化创意产业研究》，《中国工业经济》2006 年第 12 期。

华正伟：《文化创意产业集群空间效应探析》，《生产力研究》2011 年第 2 期。

华正伟：《中国创意产业制度的缺失与建构》，《社会科学战线》2010 年第 12 期。

黄璐：《我国文化产业集约化发展的理性思考和战略路径》，《现代经济信息》2013 年第 8 期。

惠宁：《产业集群理论的形成及其发展》，《山西师大学报》（社会科学版）2005 年第 6 期。

贾淑军：《我国产业园区集约化发展路径研究》，《江西社会科学》2012

年第 12 期。

贾文艺、唐德善：《产业集群理论概述》，《技术经济与管理研究》2009年第 6 期。

金定海：《链接激活创新——广告产业园区的价值思考》，《广告大观》（综合版）2013 年第 8 期。

金元浦：《文化创意产业多种概念辨析》，《同济大学学报》（社会科学版）2009 年第 1 期。

李宝值、梁亮、于涵：《浙江创意产业聚集分析》，《浙江金融》2009年第 9 期。

李靖华、吴开嶂、李宗乘：《我国风景名胜城区文化创意产业园发展模式：杭州市西湖区案例》，《科技进步与对策》2013 年第 8 期。

李开元：《面向产业集群的公共服务平台体系建设》，《湖州师范学院学报》2011 年第 5 期。

李树斌、于德明：《黑龙江省产业园区发展状况的调查与思考》，《统计与咨询》2013 年第 4 期。

李嫒：《基于 DEA 方法对我国区域高新技术产业园区的效率分析》，《科技和产业》2008 年第 1 期。

李莹：《我国集约经济理论初探》，《计划与市场》1999 年第 1 期。

廖秉宜：《我国广告产业园区建设策略》，《开放导报》2013 年第 4 期。

廖秉宜：《中国广告产业集约化发展的路径分析》，《广告大观》（理论版）2012 年第 12 期。

刘海燕、赵洪珊：《北京市创意产业园发展模式研究及策略》，《现代商业》2014 年第 23 期。

刘璟：《沈阳浑南产业园区的集群化发展对策研究》，《商业研究》2008年第 4 总期。

刘军云：《影响产业园区营商环境的能动主体》，《牡丹江大学学报》2010 年第 9 期。

刘云、王德：《基于产业园区的创意城市空间构建——西方国家城市的相关经验与启示》，《国际城市规划》2009 年第 1 期。

卢艳：《产业集群视角下的产业园区发展规划对策研究——以上海市闵行区为例》，《湖北经济学院学报》（人文社会科学版）2012 年第 2 期。

吕拉昌、魏也华：《产业集群理论的争论、困惑与评论》，《人文地理》

2007 年第 4 期。

吕拉昌、魏也华：《制度转向、制度厚度与区域发展》，《经济地理》2005 年第 4 期。

罗文：《园区经济升级之路——集群与集约》，《消费导刊》2008 年第 10 期。

罗友花：《竞争力视角下湖南产业集群效应研究》，《湖南财政经济学院学报》2011 年第 12 期。

马云霞：《对上海旧工业遗产保护区上海创意产业园区现状的反思》，《工业建筑》2009 年第 12 期。

牛维麟：《产业集聚与文化产业园区建设探析》，《中国高等教育》2010 年第 21 期。

欧光军、孙骞、王茜：《高新区产业集群化发展水平评价研究——基于湖北高新区的实证分析》，《技术经济与管理研究》2013 年第 4 期。

欧阳新年：《产业集约化发展及其关联要素分析》，《北京市经济管理干部学院学报》2010 年第 9 期。

秦远建、李必强：《产业集约化及我国产业实现集约化途径研究》，《武汉理工大学学报》（社会科学版）2001 年第 6 期。

任文凭、胡永军：《创意产业园区产业生态链构建分析》，《价值工程》2009 年第 3 期。

盛黎：《创意资本的本地市场效应——兼论中部城市文化创意产业园区的约束与对策》，《法制与经济》2013 年第 1 期。

石晨旭：《关于建设广告产业园的建议——以青岛广告产业园为例》，《广告大观》（理论版）2012 年第 8 期。

四川大学公共管理学院课题组：《成都文化创意产业园区培育策略研究》，《中共四川省委省级机关党校学报》2013 年第 2 期。

宋泓明：《文化创意产业集群发展研究——以北京市朝阳区为例的分析》，《上海经济研究》2007 年第 12 期。

苏启林、李凡、王欢：《创意产业政府支持政策的研究进展》，《经济学动态》2008 年第 2 期。

孙春晓、刘国彦、周岩：《杭州与国内外发达地区创意产业发展的比较研究》，《北方经济》2010 年第 10 期。

孙佳、黄国安：《基于创意产业集聚区的竞争力影响因素分析》，《经济论坛》2007 年第 21 期。

孙奕：《创意产业政策研究及经验借鉴》，《内蒙古科技与经济》2010年第 5 期。

孙永萍：《广西文化创意产业发展与建设研究》，《广西城镇建设》2011年 12 期。

谭娜、高长春：《上海创意产业园区绩效评价指标体系构建与实证分析》，《技术经济》2011 年第 2 期。

汪毅、徐响、朱喜钢：《南京创意产业聚集区分布特征及空间效应研究》，《热带地理》2010 年第 1 期。

王发明：《创意产业园区可持续发展研究：基于集群效应的视角》，《经济问题探索》2010 年第 3 期。

王发明、马立强：《产业集聚与创意产业园区可持续发展模式》，《学习与实践》2012 年第 6 期。

王发明、宋雅静：《创意产业园区的可持续发展：基于资本与创意的矛盾学习与实践》2012 年第 11 期。

王逢宝、雷定安：《采用绿色 GDP 统计指标对发展我国集约经济的作用》，《西安财经学院学报》2006 年第 1 期。

王逢宝、刘新：《基于 DEA 模型的城市集约经营效率分析——以我国的15 个副省级城市为例》，《山西经济管理干部学院学报》2006 年第 3 期。

王逢宝、刘新、秦贞兰：《中国集约经济的发展现状：计量模型与实证分析》，《经济纵横》2007 年第 2 期。

王缉慈：《关于中国产业集群研究的若干概念辨析》，《地理学报》2004年第 1 期。

王缉慈：《中国产业园区现象的观察与思考》，《规划师》2011 年第9 期。

王林丽、宋巍：《产业园区知识型员工多因子薪酬模式的功能与应用》，《求实》2013 年第 1 期。

王启万：《战略性新兴产业区域品牌生态要素识别及驱动关系研究》，《统计与信息论坛》第 11 期。

王淑荣：《大连发展动漫产业集群的背景分析与模式研究》，《对外经贸》2012 年第 8 期。

王伟年、张平宇：《城市文化产业园区建设的区位因素分析》，《人文地理》2006 年第 1 期。

王颖辉：《生态位视角下的文化产业集群研究》，《中国国情国力》2012 年第 1 期。

魏炳义：《再论集约经济》，《生产力研究》1990 年第 6 期。

魏利、王玉光：《浅议我国产业园区的发展趋势及规划对策》，《中国新技术新产品》2009 年第 1 期。

魏鹏举：《文化创意产业聚集区的管理模式分析》，《中国行政管理》2010 年第 1 期。

邬盛根：《中国广告产业制度变迁的逻辑与空间》，《广告大观》（理论版）2013 年第 3 期。

吴冰：《浅谈差异化和规模经济视角下文化产业园区发展策略》，《四川省干部函授学院学报》2012 年第 3 期。

吴雄兵：《产业园区特色化建设策略探讨》，《现代经济信息》2013 年第 2 期。

肖维歌：《我国文化创意产业园区发展评价指标体系构建研究》，《绍兴文理学院学报》2013 年 3 月第 7 期。

徐德力、孙文雯、陆佳希：《常州广告产业园发展现状及策略研究》，《现代经济信息》2014 年第 4 期。

许正林、李名亮：《以国家的名义：广告产业发展战略的新境界——"实施国家广告战略"的内涵、保障与路径》，《广告研究》2012 年第 2 期。

薛薇：《集聚经济与产业园区集群化发展路径研究商业时代》2012 年第 7 期。

颜景毅：《中原国家广告产业园定位探析》，《青年记者》2015 年第 4 期。

颜景毅：《中原国家广告产业园运营模式探析》，《青年记者》2015 年第 5 期。

杨斌、邓雅芯：《基于知识转移的文化创意产业园培育策略研究》，《商业经济》2013 年第 10 期。

杨国华：《论长三角地区文化创意产业集群竞争力的提升》，《中国浦东干部学院学报》2013 年第 1 期。

杨全城、程铁军：《产业园区：信息内容产业发展的一种区域模式分析》，《江淮论坛》2011 年 2 月。

杨全城、梁祥君：《信息内容服务业辨析和产业发展思考》，《中国科技论坛》2009 年第 12 期。

杨文：《上海市文化产业园区发展现状分析——以第一批文化产业园区为例》，《经济纵横》2012 年第 6 期。

杨晓峰、闫波、韩倩：《创意文化产业园区发展误区及对策研究——以河北省为例》，《商业时代》2012 年 25 期。

杨永忠、黄舒怡、林明华：《创意产业集聚区的形成路径与演化机理》，《中国工业经济》2011 年第 8 期。

姚曦、邓秋菊：《创意经济与中国广告产业的内生型增长》，《广告大观》（理论版）2010 年第 5 期。

尹德洪：《商业集聚的经济学分析》，《财经科学》2011 年第 2 期。

曾伟、姜炜：《关于产业园区绩效评估体系的分析》，《求实》2013 年第 1 期。

张凤华：《以文化产业园区建设打造我国经济发展新的增长极》，《区域经济评论》2013 年第 4 期。

张凤娟、陈书龙：《关于文化产业园绩效评估体系的探讨》，《产业经济》2013 年第 2 期。

张杰、刘东：《产业技术轨道与集群创新动力的互动关系研究》，《科学学研究》2007 年第 5 期。

张金海：《中国广告产业发展现实情境的制度检视》，《广告研究》2011 年 8 月第 4 期。

张金海、黎明：《国家经济发展战略与中国广告产业经济发展》，《广告研究》2011 年 6 月刊。

张金海、廖秉宜：《中国广告产业发展的危机及产业创新的对策》，《新闻与传播评论》2008 年第 12 期。

张金海、廖秉宜：《中国专业广告公司的生存现状与模式创新》，《中国广告》2006 年第 7 期。

张金海、林翔：《中国广告产业发展现实情境的制度检视》，《广告研究》2011 年 8 月刊。

张金海、刘芳：《广告产业发展模式的创新和发展路径的选择》，《广告大观》（综合版）2008 年第 3 期。

张鸣：《论动漫产业集群建设模式》，《东岳论丛》2010 年第 5 期。

张倩肖、何静、李村璞：《我国高新技术开发区的效率研究》，《经济纵横》2005 年第 7 期。

张兴龙：《广告产业园拷问城市发展方式创新转型》，《广告大观》（综合版）2010 年第 4 期。

张英：《从做壳到强核——关于推动宁波文化产业园区发展的思考》，《宁波通讯》2013 年 11 月。

张祖林：《基于波特集群理论的创意产业园区发展路径探析》，《上海管理科学》2008 年第 1 期。

赵东川：《文化产业园区"热"的冷思考——论文化价值的创造、重塑与产业发展》，《社会科学战线》2013 年第 7 期。

赵玉石：《中美创意产业园区发展模式比较研究》，《社会科学战线》2013 年第 9 期。

郑浩、陶岸君、吴晓、高源：《情境规划技术支持下的产业园区建设时序设定——以南京宁高高科技产业园启动区城市设计为例》，《规划师》2013 年第 12 期。

周军：《适应国家区域发展战略的湖南省园区平台建设研究》，《现代商业》2011 年 10 月第 29 期。

庄廷江：《浅论数字出版产业园区的建设与培育》，《中国出版》2010 年第 3 期。

博士学位论文

程霞珍：《安徽文化产业集群发展的政府支持研究》，安徽大学，博士学位论文，2014。

褚劲风：《上海创意产业集聚空间组织研究》，华东师范大学，博士学位论文，2008。

丁立义：《基于共生理论的创意产业园区模式创新研究》，武汉理工大学，博士学位论文，2012。

段军芳：《生态约束机制下创意产业聚集的组织演化研究》，东华大学，博士学位论文，2011。

耿蕊：《中国动漫产业集群发展研究》，武汉大学，博士学位论文，2010。

郭庭政：《我国资源再生产业集群化及其影响因素研究》，大连理工大学，博士学位论文，2009。

兰天：《产业集群化评价研究》，东北大学，博士学位论文，2009。

秦远建：《产业集约化理论与中国汽车产业集约化发展研究》，武汉理工大学，博士学位论文，2003。

宋旻：《我国体育产业的集聚与集群化发展研究（1994～2010）》，南京师范大学，博士学位论文，2011。

谢娟娟：《基于复杂系统理论的工业园区集群化研究》，江西财经大学，博士学位论文，2013。

徐卫华：《中国广告管理体制研究：基于国家与社会关系的分析框架》，武汉大学，博士学位论文，2009。

杨全城：《信息内容产业发展模式及政策支撑体系研究》，合肥工业大学，博士学位论文，2011。

姚曦：《中国广告公司经营管理研究——基于创新与激励的视角》，武汉大学，博士学位论文，2009。

袁海：《文化产业集聚的形成及效应研究》，陕西师范大学，博士学位论文，2012。

张克俊：《国家高新区提高自主创新能力建设创新型园区研究——基于 C－I－H 耦合互动框架》，西南财经大学，博士学位论文，2010。

中文图书文献

陈培爱：《国家经济发展战略与中国广告产业创新发展研究》，厦门大学出版社，2011。

陈石：《产业园区企业化运营模式：基于贵州省的研究》，中国经济出版社，2012。

陈自芳：《构建集约型经济体系》，人民出版社，2012。

程工、张秋云、李前程、李云峰、李淑慧：《中国工业园区发展战略》，社会科学文献出版社，2006。

傅才武、翁春萌、蒋昕：《文化产业集聚区策划与运营》，湖北人民出版社，2012。

龚新蜀：《西部地区产业组织优化与经济集约增长研究》，经济科学出版社，2009。

管娟：《理想空间58：创意产业园规划设计与实践》，同济大学出版社，

2013。

国务院发展研究中心产业经济研究部课题组：《中国产业振兴与转型升级》，中国发展出版社，2010。

郝云宏：《中小企业集约化经营案例研究》，浙江工商大学出版社，2014。

廖秉宜：《自主与创新：中国广告产业创新研究》，人民出版社，2009。

刘小铁：《产业集群与园区经济》，经济日报出版社，2015。

任浩：《中国100强产业园区持续发展指数报告》，同济大学出版社，2014。

上海东滩投资管理顾问有限公司：《中国产业园区：使命与实务》，中国经济出版社，2014。

史清琪：《实现集约型经济增长途径研究》，经济管理出版社，1997。

史征：《文化产业园区发展研究：机理·评价·对策》，浙江工商大学出版社，2013。

四川省工业经济发展研究中心：《四川省产业园区集中集群集约发展评估及发展研究》，西南财经大学出版社，2015。

王尔德：《改革：新经济政策向何处去》，上海财经大学出版社，2013。

王关义：《中国企业生产运营管理案例》，经济管理出版社，2014。

王海光：《企业集群共生治理的模式及演进研究》，经济科学出版社，2009。

王辑慈等：《创新的空间——企业集群与区域发展》，北京大学出版社，2001。

王兆峰：《基于产业集群的旅游产业结构升级优化研究》，中国社会科学出版社，2009。

王兆华：《循环经济：区域产业共生网络——生态工业区发展的理论与实践》，经济科学出版社，2007。

王肇嘉：《中国高新技术产业园区发展研究》，中国地质大学出版社，2014。

武常岐：《世界经典文化产业园区》，中国建筑工业出版社，2015。

肖弦弈：《中国传媒产业结构升级研究》，中国传媒大学出版社，2010。

徐光华：《基于共生理论的企业战略绩效评价研究》，经济科学出版社，2007。

阎兆万、王爱华、展宝卫：《经济园区发展论》，经济科学出版社，2009。

杨畅：《产业园区转型发展战略研究——创新转型的突破口》，格致出版社、上海人民出版社，2014。

曾华国：《媒体的扩张：大众媒体的产业化、集约化和全球化》，南方日报出版社，2004。

张维迎：《市场与政府》，西北大学出版社，2014。

张旭梅：《集团企业集约化经营管理》，重庆大学出版社，2014。

周曾：《我国新媒体产业的市场结构、行为与绩效研究》，经济科学出版社，2013。

周振华：《产业结构优化论》，上海人民出版社，2014。

朱跃军、姜盼：《中国产业园区：使命与实务》，中国经济出版社，2014。

中文译著

〔德〕阿尔弗雷德·韦伯：《工业区位论》，李刚剑等译，商务印书馆，2009。

〔爱尔兰〕安德鲁索、雅各布森：《产业经济学与组织》，王立平等译，经济科学出版社，2009。

〔英〕安格斯·麦迪森：《中国经济的长期表现——公元 960～2030 年》（修订版），伍晓鹰、马德斌译，王小鲁校，上海人民出版社，2011。

〔美〕大卫·赫斯蒙德夫：《文化产业》，张菲娜译，中国人民大学出版社，2007。

〔美〕丹尼斯·W.卡尔顿、杰弗里·M.佩洛夫：《现代产业组织》，胡汉辉等译，中国人民大学出版社，2009。

〔芬兰〕蒂莫·J.海迈莱伊宁、里斯托·海斯卡拉著，清华大学启迪创新研究院编《社会创新、制度变迁与经济绩效：产业、区域和社会的结构调整过程探索》，知识产权出版社，2011。

〔美〕恩·佩波尔、丹·理查兹、乔治·诺曼等：《产业组织：现代理论与实践》，郑江淮等译，中国人民大学出版社，2014。

〔英〕哈维·阿姆斯特朗：《区域经济学与区域政策》，刘乃全、贾彦利译，上海人民出版社，2007。

〔美〕赫尔曼·E. 戴利：《超越增长：可持续发展的经济学》，诸大建、胡圣等译，上海译文出版社，2006。

〔美〕理查德·佛罗里达：《创意阶层的崛起》，司徒爱勤译，中信出版社，2010。

〔美〕林恩·派波儿、丹·理查兹、乔治·诺曼：《当代产业组织理论》，唐要家等译，机械工业出版社，2012。

〔意〕罗伯塔·卡佩罗：《区域经济学》，赵文、陈飞等译，经济管理出版社，2014。

〔英〕马歇尔：《经济学原理》，朱志泰译，商务印书馆，2001。

〔美〕M. 波特：《国家竞争优势》，华夏出版社，2010。

〔美〕皮埃尔－菲得普·库姆斯、蒂里·迈耶、雅克－弗朗索瓦·蒂斯等：《区域和国家一体化》，颜银根、徐杨、吴艳红等译，中国人民大学出版社，2011。

〔美〕乔治·J. 施蒂格勒：《产业组织》，王永钦、薛锋译，上海人民出版社，2006。

〔英〕乔治·马丁内斯－维斯奎泽、弗朗索瓦·瓦利恩考特等：《区域发展的公共政策》，安虎森、刘军辉、皮亚彬等译，经济科学出版社，2013。

〔法〕让·梯若尔：《产业组织理论》，张维迎译，中国人民大学出版社，2015。

〔日〕藤田昌久、〔美〕保罗·R. 克鲁格曼、〔英〕安东尼·J. 维纳布尔斯：《空间经济学：城市、区域与国际贸易》，梁琦译，中国人民大学出版社，2013。

〔美〕威谦·G. 谢泼德、乔安娜·M. 谢泼德：《产业组织经济学》，张志奇译，中国人民大学出版社，2007。

〔美〕沃尔特·艾萨德：《区位与空间经济——关于产业区位、市场区、土地利用、贸易和城市结构的一般理论》，杨开忠、沈体雁、方森、王滔等译，北京大学出版社，2011。

〔美〕乌韦·坎特纳、弗朗哥·马雷尔巴：《创新、产业动态与结构变迁》，肖兴志等译，经济科学出版社，2013。

〔苏联〕伊利英：《社会主义农业的集约化问题》，罗士权译，时代出版社，1956。

外文期刊文献

Allen J. , Scott, "Cultural-Products Industries and Urban Economic Development Prospects for Growth and Market Contestation in Global Context", *Urban Affairs Review*, March 2004, 39 (4) .

Amanpreet Kang, "Identifying Travel and Tourism Industry Clusters: An Empirical Analysis Using Macro-economic Data", *Leisure and Tourism Marketing*, 2014 (4) .

Amin A. , Cohendet P. , "Learning and Adaptation in Decentralized Business Networks", *Environment and Planning D: Society and Space*, 1999 (17) .

Amiti M. , "New Trade Theories and Industrial Location in the EU: A Study of Evidence ", *Oxford Review of Economic Policy*, 1998, 14 (2).

Bakhshi H. , E. McVittie and J. Simmie, " Creating Innovation: Do the Creative Industries Support Innovation in the Wider Economy?" *NEST Research Report*, London, July 2008.

Becchetti L. , Rossi S. P. S. , "The Positive Effect of Industrial District on Export Performance of Italian Firms", *Review of Industrial Organization*, 2000, 16 (1) .

Catherine Beaudry, Peter Swann, "Growth in Industrial Cluster: A Bird's Eye View of the United Kingdom", *SIEPR Discussion Paper*, 2001.

Cumbers A. , MacKinnon D. , "Introduction: Clusters in Urban and Regional Development", *Urban Studies*, 2004, 41 (5/6) .

David S. Waller and Roman Lanis, "Corporate Social Responsibility (csr) Disclosure of Advertising Agencies: An Exploratory Analysis of Six Holding Companies' Annual Reports", *Journal of Advertising*, 2009, 38 (1) .

Duranton G. , Puga D. , "Diversity and Specialization in Cities: Why, Where and When Does It Matter?" *Urban Studies*, 2000, 37 (30) .

Ellison G. , Glaeser E. L. , "The Geographic Concentration of Industry Natural Advantage Explain Agglomeration?" *American Economic Review*, 1999 (2).

Enright M. , "Regional Clusters and Economic Development: A Research Agenda [A], U. Staber, N. Schaefer, and B. Sharma. Business Networks: Prospects for Regional Development Berlin", *Walter de Gruyter*, 1996.

Gordon M. Winder, "The North American Manufacturing Belt in 1880: A Cluster of Regional Industrial Systems or One Large Industrial Distrist", *Economic Geography*, 1999 (1).

Gordon I. R. and McCann P., "Industrial Clusters: Complexes, Agglomeration and/or Social Networks?" *Urban Studies*, 2000, 37 (3).

Guerrieri P., Pietrobelli C., "Industrial Districts'Evolution and Technological Regimes: Italy and Taiwan", *Technovation*, 2004 (24).

G. Wee, J., "Innovation and the Creative industries Cluster: A Case Study of Singapore, Creative Industries", *Innovation Management Policy & Practice*, 2009, 11 (2).

Heiner Depner, Harald Bathelt, "Exporting the German Model: The Establishment of a New Automobil Industry Cluster in Shanghai", *Economic Geography*, 2005 (1).

Huergo E. and J. Jaumandreu, "How Does Grobability of Innovation Change with Firm Age", *Small Business Economics*, 2004 (22).

Jane Zheng, Roger Chan, "A Property-led Approach to Cluster Development: 'Creative Industry Clusters' and Creative Industry Networks in Shanghai", *Town Planning Review*, 2013, 84 (5).

J. Zheng, R. Chan, "The Impact of 'Creative Industry Clusters' on Cultural and Creative Industry Development in Shanghai", *City Culture & Society*, 2014 (5).

Kathrin Müller, Christian Rammer, Ohannes Trüby, "The Role of Creative Industries in Industrial Innovation, Innovation: Management", *Policy & Practice* 2009 (11).

Kim, "Expansion of Markets and the Geographic Distribution of Economic Activities: The Trends in U. S. Regional Manufacturing Structure, 1860 – 1987", *Quarterly Journal of Economices*, 1995 (110).

Kristin B. Backhaus, "An Exploration of Corporate Recruitment Descriptions on Monster. com", *Journal of Business Communication*, 2004, 41 (2).

Leiponen, "A Skills and Innovation", *International Journal of Industrial Organization*, 2005 (23).

Lucas, Jr. R. , " On the Mechanics of Economic Development", *Journal of Monetary Economics*, 1988 (22) .

M. Sasaki S. , "Kanazawa : A Creative and Sustainable City", *Political Science* 2003, 10 (2) .

Macke, Janaina, Vallejos, Rolando Vargas, Faccin, Kadígia, Genari, Denise, "Social Capital in Collaborative Networks Competitiveness: The Case of the Brazilian Wine Industry Cluster", *International Journal of Computer Integrated Manufacturing*, 2013, 26 (1 - 2) .

Maryann P. ,et al. , "Home Grown Solutions: Fostering Cluster Formation", *Economic Development Quarterly*, 2004, 18 (2) .

Michael Keane, "Between the Tangible and the Intangible: China's New Development Dilemma", *Chinese Journal of Communication*, 2009, 2 (1) .

Michael Keane, "Great Adaptations: China's Creative Clusters and the New Social Contract", *Journal of Media & Cultural Studies*, 2009, 23 (2) .

Musterd, M. , Bontje W. Ostendorf, "The Changing Role of Old and New Centres: The Case of the Alllsteulam Region", *Urban Geography*, 2006, 27 (4) .

Paluzie E. , Pons J. Tirado D. , "Regional Integration and Specialization Pattens in Spain", *Regional Studies*, 2001 (35) .

Perry M. , "Cluster Last Stand Planning", *Practice and Research*, 1999, 14 (2).

Porter M. E. , " Clusters and the New Eeonomies of Competition", *Harvard Business Review*, 2003 (98) .

Porter M. E. , "Location, Competition and Economic Development: Local Clusters in a Global Economy", *Economic Development Quarterly*, 2000, 14 (5).

Pratt, Andy C. , " Creative Clusters: Towards the Governance of the Creative Industries Production System?" *Media International Australia*, 2004.

Pratt, Andy C. , " Creative Clusters: Towards the Governance of the CreativeIndustries Production System", *Media Intemational Australia*, 2004 (112) .

R. Gordon and Philip McCann, "Industrial Clusters: Complexes Agglomeration and/ or Social Networks?" *Urban Studies*, 2000 (3) .

Sal Kukalis, "Agglomeration Economies and Firm Performance: The Case of

Industry Clusters", *Journal of Management March*, 2010, 36（2）.

Schuster, J. Mark, "Subnational Cultural Policy: Where the Action Is? Mapping State Cultural Policy in the United States", *International Journal of Cultura Policy*, 2002（8）.

Scott, A. J., "The Collective Order of Flexible Production Agglomerations: Lessons for Local Economic Development Policy and Strategic Choice", *Economic Geography*, 1992（68）.

Scott, "Cultural-products Industries and Urban Economic Development: Prospects for Growth and Market Contestation in Global Context", *Urban Affairs Review*, 2004（39）.

Steinle, C. and Schiel, H., "When do Industries Clusters? A Proposal on How to Assess an Industry's Propensity to Concentration at a Single Region or Nation", *Research Policy*, 2002（31）.

Wolfe, D., Gertler, M., "Clusters from the Inside and Out: Local Dynamics and Global Linkages", *Urban Studies*, 2004（41）.

Yung-Lung Lai, Maw-Shin Hsu, Feng-Jyh Lin, Yi-Min Chen, Yi-Hsin Lin, "The Effects of Industry Cluster Knowledge Management on Innovation Performance", *Journal of Business Research*, 2014, 67（5）.

Zheng, J., "'Entrepreneurial State' in 'Creative Industry Cluster' Development in Shanghai", *Journal of Urban Affairs*, 2010（32）.

Zheng, J., "Creative Industry Clusters and the Entrepreneurial City of Shanghai", *Urban Studies*, 2001（48）.

外文图书文献：

Albino Vito, Garavelli A. Claudio, Schiuma Giovanni, *Knowledge Transfer and Inter-firm Relationships in In-dustrial Districts: The Role of the Leader Firm*, Technovation Alnsterdam: Jan, 1999.

Bathelt H., Malmberg A., Maskell P., *Cluster and Knowledge: Local Buzz, Global Pipelines and the Process of Knowledge Creation*, Danish Research Unit for Industrial Dynamics（DRUID）Working Paper 02 - 12.

Caves, R., *Creative Industries: Contracts between Art and Commerce*, Cambridge, MA: Harvard University Press, 2000.

Charles L. , *The Creative City*: *A Toolkit for Urban Innovators*, London: Earth Sean Publications, 2000.

Cheung, Stephen N. S. , *The Theory of Share Tenancy*, Chicago: University of Chicago Press, 1969.

Florida, R. , *The Rise of the Creative Class*, NewYork: Basic Books, 2002.

Fritz O. , Mahringer H. , Valdenama M. , *A Risk-oriented Analysis of Regional Clusters* [A] . *M. Steiner Clusters and Regional Specialization*, London: Pion, 1998.

Jacobs J. , *Cities and the Wealth of Nations*, New York: Random House, 1984.

Landry, C. , *The Creative City*: *A Toolkit for Urban Innovators*, London: Earthscan, 2000.

Laura Paija, *ICT Cluster the Engine of Knowledge Driven Growth in Finland*, Working Paper to be Presented in the OECD Cluster Focus Group Workshop, New York, Harper Collins, 2001.

Putnam, R. , *Bowling Alone*: *The Collapse and Revival of American Community*, New York: Simon and Schuster, 2000.

Qi, Ershi, Shen, Jiang, Dou, *Runliang the Correlation of Urban Cluster and Cultural Industry Cluster*, Atlantis Press, 2015.

Rabellotti, R. , *External Economies and Cooperation in Industrial Districts*: *A Comparison of Italy and Mexico*, Macmillan Press Ltd. , 1997.

Scott, A. , *Social Economy of the Metropolis*: *Cognitive-cultural Capitalism and the Global Resurgence of Cities*, Oxford: Oxford University Press, 2008.

Scott, A. J. , *New Industrial Space*, London, Pion, 1998.

Wynne, D. , *The Culture Industry*, Swindon, Avebury, 1992.

后 记

　　2012 年 2 月，接到河南省工商局广告处刘锋处长的电话，邀我参加中原广告产业园的申报、建设等工作，后来还安排我进入了河南省工商局与郑州市人民政府共同成立的产业园建设领导小组。而那时我刚刚通过了武汉大学新闻与传播学院的博士生复试，即将成为一名中年博士生，使我得偿重做学生再出发的夙愿。于是，自那时起，三年多的时间里，我一边在珞珈山下学习求教，一边在郑州参与了中原广告产业园的许许多多具体工作。我伴随了中原广告产业园从申报国家试点园区到成为正式园区，以及进入规范运营的全过程。其间，多次参加全国广告产业园建设会议，还代表中原广告产业园在会议上作过典型发言，实地考察过许多广告产业园区，结识了许多从事广告产业园管理、研究和运营的朋友。这三年多的经历和对于广告产业园的不断思考，使我最终把博士论文选题锁定在了国家广告产业园集约化发展的研究上。本书即是在博士论文的基础上修改而成。

　　博士论文从选题拟定、结构设计，到主要观点的提炼，以及内容摘要、创新点的撰写，无不渗透着导师的心血和学术功力。及至毕业，导师也正式退休，但仍然惦记着我的学习和研究，常常给予我及时而拨云见日的指点，并欣然提笔为本书作序鼓励学生。导师是教授的教授，学生们博士论文的观点其实都是导师学术思想的表达，对此，我感悟极深。感谢张金海老师将我收入门下，耳提面命，醍醐灌顶，使我深沐学理与人生之浇灌。您的道德文章永远是我学习的榜样，终生感念您！

在本书的研究和撰写过程中，国家工商总局、河南省工商局、各国家广告产业园的领导和专家，以及社会科学文献出版社的宋浩敏老师等，都予以了大力的帮助，在此，一并谢谢大家！

感谢终身家长王大夫、值班家长颜小伙的全力支持，使我能够在爱的海洋中轻松而专注地学习。也要感谢父母、岳父母老家长们，带领着兄弟姐妹，给予我宽厚绵长的爱，谢谢我的亲人们！

学术研究永远在路上。广告产业园作为实现中国广告产业专业化、集约化、国际化发展目标的主体依托，需要关注的问题还很多，我将努力持续研究下去。

由于本人的学识和经验所限，本书还有许多值得商榷的地方，在此，敬请读者批评指正。

图书在版编目（CIP）数据

国家广告产业园集约化发展研究 / 颜景毅著. -- 北
京：社会科学文献出版社，2016.9
ISBN 978 - 7 - 5097 - 9602 - 3

Ⅰ.①国… Ⅱ.①颜… Ⅲ.①广告业 - 集约发展 - 研
究 - 中国 Ⅳ.①F713.8

中国版本图书馆 CIP 数据核字（2016）第 196682 号

国家广告产业园集约化发展研究

著　　者／颜景毅

出 版 人／谢寿光
项目统筹／宋浩敏　刘　娟
责任编辑／宋浩敏

出　　版／社会科学文献出版社·当代世界出版分社（010）59367004
　　　　　　地址：北京市北三环中路甲 29 号院华龙大厦　邮编：100029
　　　　　　网址：www. ssap. com. cn
发　　行／市场营销中心（010）59367081　59367018
印　　装／三河市东方印刷有限公司

规　　格／开本：787mm × 1092mm　1/16
　　　　　　印张：13.5　字数：231 千字
版　　次／2016 年 9 月第 1 版　2016 年 9 月第 1 次印刷
书　　号／ISBN 978 - 7 - 5097 - 9602 - 3
定　　价／59.00 元

本书如有印装质量问题，请与读者服务中心（010 - 59367028）联系